AF325908

ROBERT DE LA SIZERANNE

L'ART
PENDANT LA GUERRE
1914-1918

LEUR ART.
CE QU'ILS N'ONT PU DÉTRUIRE : LES TAPISSERIES
DE REIMS. — LES RUINES.
LA CARICATURE ET LA GUERRE.
LA NOUVELLE ESTHÉTIQUE
DES BATAILLES.

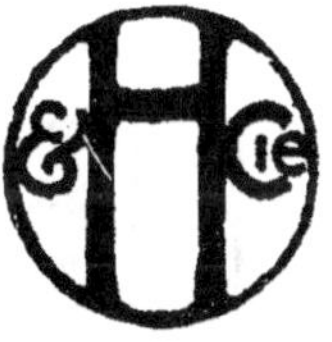

LIBRAIRIE HACHETTE ET Cie
79, BOULEVARD SAINT-GERMAIN, PARIS

1919

Librairie HACHETTE et Cⁱᵉ, 79, Boulevard Saint-Germain, PARIS

BIBLIOTHÈQUE VARIÉE, FORMAT IN-16

A 3 FR. 50 LE VOLUME

QUESTIONS D'ART ET D'ESTHÉTIQUE

BERGER (G.) : L'École française de peinture depuis ses origines jusqu'à la fin du règne de Louis XIV............... 1 vol.

BERTAUX (Em.) : Études d'histoire et d'art.................. 1 vol.

BOPPE (A.) : Les peintres du Bosphore............... 1 vol.

CHEVRILLON (A.) : La pensée de Ruskin............ 1 vol.

COUYBA (Ch.) : Les Beaux-Arts et la Nation............... 1 vol.

FILON (A.) : La caricature en Angleterre, avec 8 photogr. 1 vol.

GAULTIER (P.) : Le rire et la caricature, avec 16 planches hors texte............... 1 vol.
Ouvrage couronné par l'Académie française.

— Le Sens de l'Art, avec 16 planches hors texte........... 1 vol.
Ouvrage couronné par l'Académie des Sciences morales et politiques.

— L'Idéal moderne......... 1 vol.

— Reflets d'histoire......... 1 vol.

GEBHART (E.), de l'Académie française : Sandro Botticelli. 1 vol.

JUGLAR (L.) : Le style dans les arts et sa signification historique................. 1 vol.
Ouvrage couronné par l'Académie française.

LAFENESTRE (G.), de l'Institut : La vie et l'œuvre de Titien. 1 vol.
Saint François d'Assise et Savonarole, inspirateurs de l'Art italien................. 1 vol.

LAPAUZE (H.) : Mélanges sur l'art français................. 1 vol.

LARROUMET (G.), de l'Institut : Études de littérature et d'art. 3ᵉ et 4ᵉ séries................ 2 vol.
L'art et l'État en France..... 1 vol.
Petits portraits et notes d'art. 2 vol.

LA SIZERANNE (R. de) : La peinture anglaise contemporaine, ses origines préraphaélites, ses maîtres actuels, ses caractéristiques. 3ᵉ édit.................. 1 vol.
Ouvrage couronné par l'Académie française.

LA SIZERANNE (R. de) (Suite) : Ruskin et la religion de la beauté. 6ᵉ édition, avec 2 portraits 1 vol.
Le Miroir de la Vie (Essais sur l'évolution esthétique)... 2 vol.
Les questions esthétiques contemporaines : I. L'Esthétique du fer. — II. Le Bilan de l'impressionnisme. — III. Le Vêtement moderne dans la statuaire. — IV. La Photographie est-elle un art ? — Les Prisons de l'art............. 1 vol.

LEMONNIER (H.) : L'Art français au temps de Richelieu et de Mazarin................. 1 vol.
Ouvrage couronné par l'Académie française.
— L'Art français au temps de Louis XIV (1660-1690), avec 35 gravures................. 1 vol.
— L'Art moderne............ 1 vol.

MARÉCHAL : Rome, souvenirs d'un musicien................. 1 vol.
— Paris, souvenirs d'un musicien................. 1 vol.

MARTHA (Ch.), de l'Institut : La délicatesse dans l'art... 1 vol.

MICHEL (E.), de l'Institut : Nouvelles études sur l'hist. de l'art. 1 vol.

MOREAU-VAUTHIER (Ch.) : Gérôme, peintre et sculpteur, l'homme et l'artiste................. 1 vol.

POMAIROLS (Ch. de) : Lamartine, étude de morale et d'esthétique................. 1 vol.

ROLLAND (Romain) : Musiciens d'autrefois................. 1 vol.
— Musiciens d'aujourd'hui. 1 vol.
— Le Théâtre de la Révolution. 1 vol.
— Le Théâtre du peuple.... 1 vol.
— Les Tragédies de la Foi. 1 vol.

ROUJON (H.) : Artistes et amis des arts................. 1 vol.

RUSKIN (J.) : La religion de la beauté................. 1 vol.
— Pages choisies........... 1 vol.

SOURIAU (P.) : L'imagination de l'artiste................. 1 vol.

TAINE (H.), de l'Académie française : Philosophie de l'art. 2 vol.

TIERSOT (J.) : Hector Berlioz et la Société de son temps... 1 vol.

L'ART
PENDANT LA GUERRE
1914-1918

8° V -
3ab26

OUVRAGES DU MÊME AUTEUR
A LA LIBRAIRIE HACHETTE ET Cie

LA PEINTURE ANGLAISE CONTEMPORAINE

Un volume in-16, broché . . . . **3** fr. **50**

RUSKIN ET LA RELIGION DE LA BEAUTÉ

Un volume in-16, broché . . . . **3** fr. **50**

LE MIROIR DE LA VIE

Deux volumes in-16 ill. de 16 planches de gravures; chaque vol. broché . . . . **3** fr. **50**

LES QUESTIONS ESTHÉTIQUES CONTEMPORAINES

Un volume in-16, broché . . . . **3** fr. **50**

RUSKIN (pages choisies)

Un volume in-16, broché . . . . **3** fr. **50**

LES MASQUES ET LES VISAGES A FLORENCE ET AU LOUVRE

Un volume in-8, ill. de 16 planches de gravures. Broché . . . . **5** fr. **00**

DÉPÔT LÉGAL
96 1491

ROBERT DE LA SIZERANNE

L'ART
PENDANT LA GUERRE

1914-1918

LEUR ART.
CE QU'ILS N'ONT PU DÉTRUIRE : LES TAPISSERIES
DE REIMS. — LES RUINES.
LA CARICATURE ET LA GUERRE.
LA NOUVELLE ESTHÉTIQUE
DES BATAILLES.

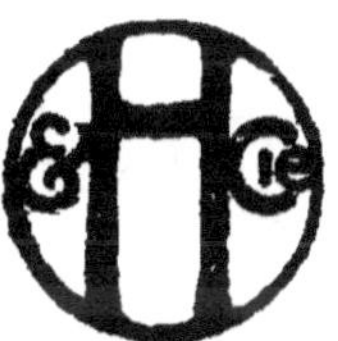

LIBRAIRIE HACHETTE ET Cⁱᵉ
79, BOULEVARD SAINT-GERMAIN, PARIS

1919

Tous droits de traduction, de reproduction
et d'adaptation réservés pour tous pays.
— Copyright by Hachette and C°, 1919. —

L'ART
PENDANT LA GUERRE

LEUR ART

Quel est l'Art de ces gens-là? Et qu'ont bien pu faire les artistes, signataires de l'*Appel au monde civilisé*, pour remplacer, dans le patrimoine esthétique des hommes, les merveilles qu'ils ont biffées du portail de Reims, — je veux dire les Behrens, les Klinger, les Stuck, les Trubner, les Hildebrand, sans parler de leurs aînés, signataires du même manifeste, les Hans Thoma, les Gebhardt, les Kaulbach, les Kalkreuth, les Liebermann, les Defregger? Beaucoup de gens ne soupçonnaient pas leur existence; ils viennent de la révéler par un procédé infaillible : celui de cette suffragette qui lacéra la *Vénus au miroir*, ou de ce vagabond qui déroba la *Joconde*. C'est de la notoriété, si ce n'est pas de la gloire, et l'on demeure ébahi de leur prestesse à l'acquérir. Il y a des ouvriers qui cherchent à se faire connaître par la production de quelque œuvre : le monde surpris n'a connu les noms de ceux-là que par la destruction d'un chef-d'œuvre.

Mais comme, après tout, il ne suffit pas de lacérer une toile ou de mutiler une statue pour être réputé « artiste », — ni de se solidariser avec ceux qui l'ont fait, — ces *Vertreter deutscher Kunst*, comme ils s'intitulent eux-mêmes, doivent quelque part, en un temps quelconque, avoir façonné quelque chose, des objets réputés « objets d'art » par eux et leurs amis. Ils ont dû modeler des figures, dont la place leur paraissait marquée au portail de Reims, à la place de la *Reine de Saba*, du *Saint Remy*, du *Saint Thierry* et de l'*Ange* de Saint-Nicaise. Ils ont dû peindre des panneaux pour reposer leurs yeux que fatiguaient nos verrières, réduites par leurs soins en poussière. Peut-être, avec ce goût de l'organisation préventive qui les distingue, quelques-uns d'entre eux étaient-ils, déjà, désignés pour retoucher nos imagiers du xiiie siècle. Et, sûrement, il en est de chargés de reconstruire Louvain, selon un plan plus moderne et plus rationnel. Que sont donc ces artistes et que valent-ils ? On se pose, malgré soi, cette question.

Je vais tâcher d'y répondre. Cette réponse, — ai-je besoin de le dire ? — ne sera pas dictée par des faits étrangers à la cause. Si, durant quelque vingt-cinq ans, — c'est-à-dire depuis la réunion des *Portraits de Lenbach*, en 1888, au Palais de Cristal, de

Munich, jusqu'à l'Exposition du *Pavillon des Arts industriels allemands*, à Bruxelles, en 1910, — il n'est guère de manifestation de l'Art allemand que je n'aie suivie et notée, et si, cependant, je n'en ai jamais parlé, ce n'étaient point les horreurs de Louvain ou de Senlis qui arrêtaient l'éloge : c'est qu'il n'y en avait point à faire. Le silence est une opinion, et cette opinion ne devait rien alors aux circonstances. L'expression ne leur devra rien, non plus, sinon l'occasion ou la justification de ces lignes.

CHAPITRE I

LA PEINTURE ALLEMANDE
ET BOECKLIN

« Depuis un siècle, au moins, les Allemands
n'étaient plus maîtres. Ils faisaient figure de petites gens réduites au crédit des voisins, courbées
sous une férule de régent. Ils s'avouaient de pauvres lourdauds éternellement stériles qui, incapables de jamais rien produire, devaient toujours
se tenir au service, à la discrétion des Anciens, de
leurs voisins plus intelligents et à des livres de
classe. Ils ébranlaient le monde du tonnerre victo-
rieux de leurs armes; leur science, leur technique,
leur industrie envahissaient l'univers : les plus
privilégiés d'entre eux cependant languissaient dans
une servitude misérable. Oui, leurs chefs commandaient à des armées monstrueuses, à des forces
et à des trésors sans nombre; et, touchant la vie
intellectuelle, affinée, ils érigeaient la soumission
aux idoles des temps morts en dogme patriotique.
Vit-on jamais grand peuple en progrès et capable
de se créer une civilisation particulière, choir dans
une si horrible perversité? Certes, nous étions assez
instruits pour savoir qu'il n'y a, pour l'homme,
d'honneur à vivre que s'il domine la vie, que s'il

lui imprime le sceau de sa puissance, le sceau de
sa déification, c'est-à-dire la Beauté. Mais nous
n'osions y tendre de nos mains[1].... » Ainsi gémis-
sait, il y a une quinzaine d'années, un critique
allemand, s'exprimant en français, — ou à peu
près, — dans une des revues d'art les plus répandues outre-Rhin.

Ce gémissement révèle une blessure assez peu
connue de la vanité allemande. Nous savions bien
qu'il n'y avait plus d'art très original au pays
des Holbein et des Dürer, — exception toujours
faite pour la musique, — mais nous n'imaginions
pas qu'on dût en souffrir à ce point. D'ailleurs, au
moment où ces lignes paraissaient, on pouvait voir
à l'œuvre, ensemble, Lenbach, Uhde, Hans Thoma,
Liebermann, Menzel et quelques autres, dont les
portraits ou les scènes modernistes de l'Évangile,
ou les tentatives impressionnistes ou les anecdotes
sur la vie du grand Frédéric n'étaient pas si mépri-
sables. Mais la jeunesse les méprisait. C'était un
art européen, dérivé des Hollandais, des Flamands
et des Français. « Vous êtes couverts des signes
du passé, leur disait Nietzsche, et ces signes, vous
les avez peinturlurés de nouveaux signes..., le
visage et les membres barbouillés de cinquante
taches..., ô gens du présent! Qui est-ce qui pourrait encore vous reconnaître? Sût-on sonder les

1. Georg Fuchs. Le Vestibule de la Maison de Puissance et de Beauté. *Deutsche Kunst und Dekoration*, Darmstadt, 1902.

reins, qui pourrait croire que vous en avez encore,
des reins? Vous êtes pétris de couleurs cuites et
d'étiquettes collées les unes contre les autres... »
On était dominé par cette idée, — une des plus
fausses de la mentalité contemporaine, — qu'un
grand peuple, puissant par son négoce ou ses
armes, doit nécessairement procréer un grand art.
Il y avait disproportion, semblait-il, entre Hambourg et le Palais de Cristal, entre Essen et la
galerie Schack. Et les petits racontars de Menzel
lui-même, si spirituels et si savoureux qu'ils fussent,
donnaient mal l'impression d'un gigantesque effort
national. Assez de dîners à Sans-Souci, de Frédéric
jouant de la flûte, assez de moines égarés dans les
caves ou de jeunes ménagères dévorant des lettres
d'amour, assez de promenades sentimentales sur le
vieux fleuve, en face des ruines romantiques, au
son de la harpe, assez de villageois lutinés par les
kobolds, au fond de la vieille forêt germanique, ou
de seigneurs en équipages surannés traversant
leurs vieilles villes du Tyrol, — tout ce que Menzel,
Grutzner, Defregger, Richter, Schwind, Spitzweg
et tant d'autres avaient chuchoté, si longtemps,
sans autre prétention que de les divertir, à leurs
auditoires ébahis! Tout cela n'était que de petits
côtés de l'Allemagne, traduits par un art aussi
bien flamand ou hollandais qu'allemand. A un
grand peuple il fallait un grand art, nettement
national et inspirateur de grandes actions. L'Art
devait être l'éducateur des masses et non leur

amuseur. Rembrandt avait été un « éducateur ».

De plus, ce n'est pas une culture étrangère, c'est-à-dire « inférieure », que l'Art devait apporter aux peuples germaniques : c'était une culture germanique, par conséquent empruntée au sol même de la patrie. On répétait ces mots du poète Stephan Georg : « Ce qui est le plus nécessaire à l'Allemagne, c'est un geste qui soit, enfin, allemand! Cela est plus important que la conquête de dix provinces! » Voilà où en étaient les jeunes artistes et la jeune critique d'outre-Rhin, dans le dernier quart du XIXe siècle. Ils cherchaient le maître qui ne devait rien aux nations rivales, ni au sentiment latin, pour en faire leur maître. Ils cherchèrent longtemps, tous leurs peintres à cette époque étant plus ou moins infectés de l'esprit et de la technique des Français. Enfin, ils crurent apercevoir celui qui devait les libérer et concentrer les aspirations de Berlin, de Weimar, de Munich, de Darmstadt, de Dresde, de Hambourg. Ils l'aperçurent, debout, au seuil de l'Allemagne, sur les bords du Rhin, tenant la clef du grand art entre ses mains. Ils se précipitèrent vers cet Allemand-type : c'était un Suisse.

Certes, il y a beaucoup à prendre en Suisse et à en apprendre. Les exemples que ce pays nous donne, dans la paix et dans la guerre, seraient bons, par toute l'Europe, à méditer. Et quand on considère que le Suisse en question était de Bâle, il n'est pas très surprenant, au premier abord, qu'une

tradition purement alémanique ait pu revivre en
lui. A la vérité, il n'habitait point Bâle : il habitait
San Domenico, près de Florence, à mi-côte de
Fiesole, et vivait entouré de cosmopolites. Mais ce
ne sont là que des contingences. Malgré son obstination à vivre loin de sa patrie, on pourrait imaginer
qu'il est resté fidèle à sa race, en son volontaire
exil. Mais si l'on voit une seule de ses œuvres, on
est tout de suite fixé. Tout l'art de Bœcklin est
un effort furibond, têtu, désespéré, pour se bran-
cher sur l'antiquité classique et méditerranéenne.
C'est la perpétuelle nostalgie d'une race et d'un
pays et, plus encore, d'une culture dont il n'était
pas ou dont il n'était plus, si, comme le disent ses
admirateurs, il en avait été dans quelque « existence antérieure. » Il prend à cette antiquité et à
sa mythologie ses sirènes, ses centaures, ses néréides, toute son animalité à figure humaine, mais
il les vide, aussitôt, de leur esprit antique, je veux
dire la mesure, la pureté des lignes, l'harmonie.
C'est Phidias chez Breughel, l'Olympe chez
Téniers, quelque chose d'énorme et de débraillé,
qui fait songer aux anamorphoses que subirait une
statue antique, si elle se trouvait entourée de mi-
roirs déformants ou de boules panoramas. Plus
coloriste, il eût approché Rubens, plus spirituel,
amusé comme Doré, c'est-à-dire, en tout état de
cause, tourné le dos à l'antique. Tel qu'il est, sa
prétention au grand art peut intéresser, mais ne
touche guère, d'autant que, comme métier, c'est le

plus composite et le moins original qui soit. Malgré tous nos efforts, — et Dieu sait si nous avons été hospitaliers aux génies étrangers! — nous n'avons jamais pu admirer ce parti pris violent de mépriser la mesure, dès l'instant qu'il n'aboutissait pas à quelque trouvaille de métier ou d'art.

Fût-il, d'ailleurs, le maître original que quelques-uns ont cru, Bœcklin n'avait plus rien d'allemand, à moins qu'on n'appelle précisément « allemande » depuis Cranach jusqu'à Cornelius, cette foncière inaptitude à comprendre l'Antique. Sur tous les points et avec une application constante, il prenait le contre-pied des vertus qui avaient fait les grands artistes de la vieille Allemagne : la minutie, la conscience, l'étude des visages, analytique et serrée, le goût des joies de la vie intime et recueillie. Aussi est-ce un des plus surprenants phénomènes de mimétisme, que l'engouement des Allemands, et des seuls Allemands, pour ce renégat de toutes leurs traditions esthétiques. Ils avaient tant d'autres modèles ! Dans la ville même de Bœcklin, à Bâle, quand on visite les salles hautes de ce curieux musée qui se dresse à pic sur le Rhin, on éprouve une des émotions les plus profondes que puisse donner l'Art : le commerce familier avec des hommes ensevelis depuis plusieurs siècles, dans un subit dédoublement de notre personnalité, qui nous fait assister à la vie de quelques êtres privilégiés bien avant que la nôtre ait commencé. On est devant Holbein : la famille de Thomas Morus,

Erasme, Jacob Mayer et sa femme, Dorothée Kannengiesser, Amerbach. Ces figures nous révéleraient, si nous savions les lire, tout le mystère de leur destinée. Les artistes allemands de l'école moderne ont passé devant elles sans y prendre garde. Puis, non loin de ces merveilles, on voit de lourdes caricatures de l'Antique : des allégories où le modèle d'atelier, figé en sa pose, attend patiemment l'heure de se rhabiller, des Naïades jouant dans la mer avec les soubresauts que la foule du dimanche, au jardin d'Acclimatation, se divertit à observer au déjeuner des otaries : la négation constante des utiles leçons d'Holbein, une constante prétention aux grands contours synthétiques aux vastes symboles, à la décoration murale, à la philosophie, exprimée par le dessin le plus commun, le plus banal et le plus lamentablement académique. C'est là que les artistes allemands se sont arrêtés, là qu'ils ont cru trouver l'idée rénovatrice de la peinture allemande ! Franz Stuck, Max Klinger, Trubner, Wilhelm Bader, cent autres sont sortis de là.

A la vérité, Bœcklin avait trouvé quelque chose : c'était de prendre les êtres fantastiques créés par l'art antique et de les remettre dans des paysages vrais, les paysages d'où ils étaient venus, où ils avaient été, pour la première fois, aperçus ou devinés par l'imagination apeurée des bergers : de renvoyer Pan et les faunes et les satyres dans les bois, les sirènes et les naïades dans l'eau, les nymphes au creux des sources, et de faire galoper les centaures par les prés et les rochers sauvages. Il tirait l'homme-cheval de sa métope et l'envoyait, d'un coup de fouet brutal, bondir en plein marécage; il dévissait le faune de son socle ou de son cippe, et le jetait à la poursuite d'une femme à travers la feuillée des grandes forêts; il persuadait aux néréides de quitter les trois ou quatre volutes, par quoi sont figurés les « flots grecs », sur les terres cuites ou les mosaïques antiques, pour piquer une tête dans le golfe et faire une pleine eau. De là, mille apparitions imprévues, bien que logiques, d'un ragoût savoureux, qui faisaient écarquiller les yeux des archéologues et rugir d'aise les rapins : des corps de monstres ou de demi-dieux fouettés par les branches, tigrés par la boue, ruisselants d'embruns, pris dans l'écheveau vert des varechs et roulés par le ressac. C'était une idée.

Il en avait une autre, corollaire de la première, et aussi féconde. Étant donné telle forme fantastique mi-humaine, mi-bestiale : le centaure, par exemple, ou le triton ou la néréide, en déduire toutes les postures qu'elle peut prendre, qu'elle doit prendre en certaines occasions et ne pas s'en tenir aux attitudes réglées par la statuaire antique : par exemple conduire son centaure chez le maréchal ferrant, le faire ruer, sauter des obstacles, montrer des néréides qui jouent et s'ébrouent comme des phoques, ou qui font « l'arbre droit », des bébés tritons qui sautent sur les nageoires de leurs pères, une Vénus à demi liquide au sortir des eaux, des faunes ou des ægypans vieillis, blanchissants, obèses, la peau plissée sur des ventres incoercibles, aux confins de la caricature, en un mot, toute une mythologie réaliste. Cela aussi était une idée. Sans doute, l'antiquité en avait donné des exemples, sinon dans ses chefs-d'œuvre, du moins dans ses petites figurines décoratives, sur la panse de ses vases ou au plat de ses murs peints, comme à Herculanum et à Pompéi. L'artiste antique avait, déjà, en plus d'un endroit, suggéré des gestes assez libres à ses tritons et à ses centaures, imaginé des centauresses, voire des ichtyo-centaures, des hippocampes, des panthères marines, des *pistris* ou serpents-dauphins et même un peu flairé le « grand serpent de mer ». Sans remonter si haut, et en s'en tenant à ce qu'on voit au musée de Bâle, Bœcklin avait pu observer de très savoureux gestes de centaures dans les vieux dessins d'Ursus Graf ou de Baldung Grien. Mais ce que nul n'avait jamais fait, c'était les plonger en pleine nature, dans le milieu humide ou herbeux ou parmi les mystères sylvestres, au fond des paysages découverts par Corot; telle fut l'idée de Bœcklin.

Le malheur de ces idées-là, en art, c'est qu'elles ressemblent trop à des découvertes d'ordre scientifique. On peut les communiquer par de simples mots. Le moindre dessinateur, en les entendant énoncer, voit, tout de suite, le parti qu'il peut en tirer et, sans avoir connu l'œuvre de Bœcklin, il en reproduira l'aspect, à peu près. C'est si vrai qu'il y a eu, dans la vieillesse de Bœcklin, un procès pour savoir si tel tableau était de lui : — et il n'a su le dire, l'ayant oublié ! Puis il suffit de tirer les conséquences logiques d'une idée, en art, pour choir inévitablement dans l'absurde. Aussi bien, quand il fut parvenu à la fin de sa vie, le peintre de Bâle, s'exagérant lui-même, rendit-il son système insupportable à ceux qu'il avait, un instant, charmés. La modernité de la Fable avait vécu.

Toutefois, il en était l'inventeur et l'on pardonne beaucoup aux inventeurs. Mais que dire des Allemands, des Stuck, des Klinger, des Bader, des Trubner, des Paul Burck, parfois même de Hans Thoma, qui, venus après Bœcklin, la formule étant trouvée, l'ont systématisée, développée, amplifiée, en un mot exploitée, comme on fait un brevet d'invention ? On ne peut s'empêcher, en les voyant, de penser à cette caricature de Bruno Paul dans le *Simplicissimus* : un jeune rapin famélique, carton sous le bras et pipe à la bouche, est debout auprès de son père, vieillard moribond qui tient un basset sur ses genoux, et le vieillard lui dit : « Mon fils, je ne te laisse rien que ce basset : ce sera ton gagne-pain. Tu pourras chaque semaine, envoyer une blague sur lui aux *Fliegende Blaetter* », — faisant allusion aux plaisanteries sans nombre que la petite bête, courte sur jambes, longue sur reins et tout en oreilles, inspire aux humoristes de la feuille célèbre. Bœcklin a fait comme ce vieillard.

Il a légué son centaure à Stuck et à Klinger, et c'est merveille ce qu'ils en ont fait et toutes les sauces à quoi ils l'ont accommodé ! Ce centaure poursuit, encore là-bas, une carrière extrêmement profitable. La magnifique villa antique de Stuck, à Munich, a été payée par ce centaure. Les idées, — même les idées d'autrui, — ne demeurent pas improductives en Allemagne.

Enfin, Bœcklin avait fait une dernière trouvaille : son *Ile des Morts*. Il en était si satisfait qu'il l'a répétée, nul ne sait combien de fois. C'est la page de lui qu'on connaît le mieux à l'étranger : une cuve de pierre, pleine de cyprès, baigne dans un lac noir, échancrée en toute sa hauteur pour qu'on puisse voir qu'il ne s'y passe rien, une barque glisse sur les eaux endormies et ramène à la « bonne demeure » un hôte debout en son linceul. C'est une création très artificielle. On sent que l'artiste a réuni, méthodiquement, tout ce qui peut donner l'idée de l'insensible et du perpétuel : une île escarpée et sans bords, une eau sans mouvement. un crépuscule éternel, l'ombre, une nature où rien re change, où rien ne naît, où rien ne souffre, où rien ne meurt. L'impression produite, bien qu'artificielle, est assez forte. Ainsi se clôt le cycle des découvertes du peintre suisse. La passion de l'antique, la recherche du brutal, enfin le terrifiant, — voilà tout l'Art de Bœcklin.

Et c'est tout l'Art allemand contemporain. Les deux plus notables représentants de cette école sont Franz Stuck et Max Klinger, tous deux à peu près du même âge, entre cinquante et soixante ans. Klinger doué de la figure classique du *herr professor* à lunettes, broussailleux, soupçonneux, hirsute, l'œil vif sous le sourcil épais, plus petit serait Mime, et Stuck, bonne tête ronde de *feldwebel*, l'œil rond, extasié, impérieux, plus grand, jouerait les Siegfried, tous deux sculpteurs autant que peintres et décorateurs · autant que sculpteurs, menant tout de front, visant à tout, appelés artistes et maîtres seulement en Allemagne, répondant à ce que, dans tous les autres pays, on honore du nom d' « amateur ».

Ils se sont partagé le royaume de Bœcklin : Stuck a pris la terre et Klinger a pris la mer. Tous deux ont gardé le centaure. Seulement, Stuck lui donne quelques nouveaux agréments. Il lui met quelquefois une crinière, il lui rase la tête à la manière « hygiénique » allemande et lui ôte la barbe qu'il portait au Parthénon. Il en fait un cerf que poursuit un centaure, chasseur et archer. Il a même imaginé un centaure nègre, une sorte de bon géant courtisant une jeune blanche, au grand ébahissement de ses compagnes. Il a fait des centauresses blondes fuyant, les cheveux dénoués et en riant comme des folles, la poursuite des centaures mâles, ou encore, attendant paisiblement couchées comme un cheval dans son box, l'issue de la lutte entre deux rivaux. Tous ces centaures ont appris à galoper à l'école de M. Muybridge ou, tout au moins, de M. Marey. Ils respectent les enseignements de la chronophotographie. Aussi offrent-ils un mélange de réalisme, de modernité, d'archaïsme, de pédantisme et de fantaisie, qui atteint sans effort la plus haute bouffonnerie.

Klinger, lui, a conduit son centaure dans la mer, parmi les néréides et les ordinaires chevaux marins, les mouettes et les goélands, l'a englouti à demi, dans les vagues, échevelé dans le vent du large, balafré d'écume. Telles sont, notamment, ses peintures décoratives pour la villa Albers, conservées dans les musées de Berlin et de Hambourg. Il est parvenu, ainsi, à insuffler à son Chiron, ou à son Nessus, une vie brutale et joyeuse qui, au premier abord, séduit. L'attrait de la nature méridionale pour l'homme du Nord y éclate. C'est une ruée vers la mer bleue, l'horizon d'or dentelé par l'étrave des caps, la Méditerranée convoitée au loin, par delà les lacs trop calmes et trop froids, par delà les Chiemsee et les Constance, l'art qui cherche à déboucher en « eau chaude », comme l'Empire lui-même, et y tend d'un effort vertigineux.

Dans tout cela, qu'est devenue la vieille Allemagne, la vie paisible, les drames ou les joies intimes de la famille, les rêveries sentimentales que nous peignaient, hier encore, les maîtres, et qui sont encore sensibles dans l'œuvre de Hans Thoma ? Il n'y en a plus trace... Les gens que Ludwig Richter nous montrait passant l'Elbe, sur une petite

barque, en face d'un vieux château en ruines ; les
jeunes amoureux, la main dans la main, le vieillard
penché sur sa harpe, le jeune touriste debout, sac
au dos s'adonnant avec ferveur aux joies esthétiques de la contemplation, et le poète échevelé,
pensif, qui va noter quelque chose de profond, ou,
tout au moins, d'obscur, — que sont-ils devenus ?
Un souffle a passé sur les ateliers allemands, qui
en a chassé toute cette humanité naïve, parfois
mesquine, mais touchante et, en tous cas, vraie. Il
n'est plus resté que des figurants de théâtre, labo-
rieusement travestis en symboles, guindés dans
leur archaïsme et empêtrés dans leur philosophie.

C'est une fatalité, en effet, que les artistes allemands cherchent toujours à réaliser ce à quoi ils
sont le moins propres : le symbole, et sous les
formes qui sont le moins dans leur génie : les
formes classiques. Certes, leur passion pour l'antique n'est point nouvelle. On chantait, il y a longtemps déjà, dans leurs ateliers :

> *Des Deutschen Künstlers Vaterland,*
> *Ist Griechenland, ist Griechenland!*

Mais c'est une passion toujours malheureuse.
Elle a perdu Cornélius et son école, elle a donné
à Munich et à Berlin leur faux grec. Dès qu'elle
saisit son homme, elle le tue. Moritz de Schwind,
par exemple, au milieu du xixe siècle, animé d'une
vie très divertissante les figurines sentimentales
ou grotesques, qu'il conduit à travers les mystères

de la forêt germanique, mais ses figures symboliques sont vides de toute substance. Il réussit toujours le nain : il manque toujours la Walkyrie, à plus forte raison, la déesse antique. Cornélius croit s'inspirer de l'antique : il le surmoule. Tout l'imprévu, toute la netteté, toute la hardiesse et la force, tout l'accent de l'antique est perdu. On ne sent plus ses os. Pareillement, de nos jours, Trubner croit beau de montrer l'empereur Guillaume Ier, en triomphateur, accompagné des Walkyries : il n'évoque autre chose que l'idée d'un vieux monsieur égaré dans les praticables de Bayreuth, au moment où l'on prépare la figuration.

Les nouveaux venus, il est vrai, ont cru sauver leurs pastiches de l'antique en y introduisant deux caractères que l'antique offre bien rarement : le colossal et le terrifiant. Mais c'est encore une erreur, ni l'un ni l'autre n'étant dans les moyens du Germain, — je veux dire dans ses moyens plastiques. Habich modelait, en perfection, de petites statuettes de bronze, propres à mettre sur une table, comme encriers ou presse-papiers : il a fait pour la *Künstler Kolonie*, à Darmstadt, des statues gigantesques d'Adam et d'Ève, qui passent les bornes du ridicule. Klinger réussit fort bien, aussi, la statuette de bronze : il a imaginé des Beethoven ou des femmes en marbre polychrome, dont les meilleures, si elles étaient plus spirituelles, eussent dû aller chez Mme Tussaud. Hildebrand, à force de fréquenter les Antiques et les Florentins, chez eux, à San Francesco di Paolo, arrive à des approximations fort agréables du *quattrocento* dans les petits sujets : rêve-t-il de monuments, il choit dans le pire banal. Frantz Metzner parvenait, çà et là, dans de simples bustes inspirés par des figures réelles, à exprimer un sentiment saisissant; il a voulu se hausser aux colosses d'Égypte, ou peut-être d'Assyrie, en sa figure de *la Force*, dans le monument de Leipzig : le résultat est lamentable. Évidemment, il a été impressionné par le *Pugiliste au repos* des Thermes de Dioclétien, mais il lui a trouvé l'air trop intelligent. Il a regardé, avec ympathie, le *Penseur* de Rodin, mais il lui a trouvé les extrémités trop fines. Il a voulu bâtir un hercule où tout ce qui n'est pas brutal disparaît, mais alors le crétinisme pathologique, où il est parvenu, enlève à son demi-Dieu non seulement toute sa divinité, mais toute son humanité et, par là, toute sa vraisemblance. C'est un pantin colossal et qui ne fait plus peur.

La peur, cependant, ou plutôt la terreur, tel est le sentiment que l'Allemand cherche le plus, depuis quelque vingt ans, à inspirer. Il semble que ce soit pour lui un moyen de triompher en art, comme chez ses théoriciens militaires de triompher dans la guerre. La toile la plus fameuse, peut-être, de Stuck est précisément son allégorie de la *Guerre* : un entassement de cadavres nus sous le cheval du triomphateur. Les sphinx, les chasses infernales, les furies, les harpies, tout ce qui menace l'homme dans l'ombre et lui rappelle l'énigme de sa destinée, lui paraît admirable à peindre. C'est si vrai que, depuis la guerre, les caricaturistes allemands, lorsqu'ils veulent symboliser la terreur qu'ils s'imaginent inspirer à leurs ennemis, n'ont qu'à reproduire quelque page célèbre, de Sascha Schneider, dont ils détournent le sens. Ainsi, le Destin, batracien dégoûtant, guette l'homme nu, désarmé, qu'il encercle de ses griffes inévitables : c'est, dans leur pensée, Hindenburg guettant le grand-duc Nicolas.

Malheureusement, cette entreprise de terrorisme échoue de façon misérable. Le *Lucifer* de Stuck ressemble à un jeune Anglais qui suit passionnément les péripéties d'un match de boxe ou de football. Son *Remords* est un marin en permission qui a pris le pas gymnastique pour ne pas manquer le dernier canot. Son triomphateur de la *Guerre* est un gars de la campagne qui revient, le soir, sa journée finie, sur son cheval fourbu. Son *Vice* et toutes les femmes fatales, qu'il a entortillées d'un boa ou d'un python, semblent tout simplement des charmeuses de serpents. Son *Guerrier* est un jeune valet de chambre qui époussette une statuette de la Victoire avec un plumeau fait de feuilles de laurier. Son Ange du *Paradis perdu* est une manière de suisse qui, debout, raide, les jambes écartées, tient son épée flamboyante fichée en terre en face de lui, comme un portier de Rome sa canne à boule, sous le portique d'un somptueux palais. Tout cela rappelle le piteux effet que produit, à la scène, l'apparition du dragon *Fafner*. Mais, à côté de ces horrifiques images, figure-t-il quelque faunin luttant, tête contre tête, avec un jeune bélier, dans un cercle d'autres petits faunes ébahis, ou dessine-t-il des paysans allemands en visite dans un musée, pour les *Fliegende Blaetter*, — et voici la main d'un artiste vrai, particulier, spirituel, qui reparaît.

Sur un point, toutefois, cet appel à la terreur est émouvant : dans *la Danse des Morts*. Klinger a fait toute une suite d'eaux-fortes intitulée *De la Mort*, fort ingénieuses, à la manière de M. André de Lorde, pour entretenir, chez l'être périssable que nous sommes, l'appréhension du mystère et l'horreur de l'étroit passage. Ses *Miséreux* au carcan : son bébé assis sur le rigide cadavre de sa *Mère* endormie ; sa figure d'homme en train de se noyer ; sa *Pietà*, où saint Jean a pris la tête de Beethoven : sa *Mort guérisseuse*, conçue à la manière du « libérateur céleste » de Lamartine, tout cela est nouveau et d'un artifice assez adroit à nous émouvoir. Cela doit tenir à quelque caractère foncier de la race, car, à toutes les époques, les Allemands ont excellé dans le squelette. La suite d'Holbein est géniale. On pourrait croire qu'il avait épuisé les ressources tragiques et comiques du macabre, — mais à chaque génération, l'Allemand sait le renouveler. Encore au xixe siècle, Alfred Rethel, médiocre dans tout le reste, a trouvé un étonnant symbole du mouvement révolutionnaire de 1848, avec sa *Mort* à cheval. De nos jours, un artiste de second plan, Joseph Sattler, en figurant la Mort, sur des échasses, qui passe sur les feuillets des livres et y laisse ses traces, a prouvé que le don ancien de fantaisie macabre n'est pas perdu. Cette Mort, sortie d'un cabinet d'anatomie, grimace et fait des mines de vieille coquette, — dolichocéphale, bien entendu. Chez Hans Thoma, le squelette, bien droit sur ses apophyses épineuses, tend un drap, avec le geste du garçon de bain, derrière *Adam et Ève*, prêt à les envelopper dès qu'ils auront cueilli la pomme.... C'est un rien, mais il fallait le trouver. On n'en finirait pas de citer toutes les facéties funèbres de ces morticoles hilares. On ne voit guère que Liebermann qui s'abstienne d'épouvanter ainsi ses contemporains. Ainsi, le macabre, chez les Austro-Allemands, est une industrie nationale. Et cela encore, ils l'avaient trouvé dans l'œuvre de Bœcklin : si peu Allemand qu'il fût dans son art, il avait pourtant cru devoir enseigner l'équitation à une *Mort* en habits carnavalesques, dans la *Guerre*, et figurer un squelette raclant du violon derrière son propre portrait.

Il ne faut pas croire, cependant, que Bœcklin, seul, serve aux Teutons de modèle. L'artiste allemand prend son bien un peu partout. Liebermann a toujours pastiché nos impressionnistes, Hohlwein pastiche Nicholson, Frederyk Pautsch pastiche Brangwyn, Georg Merkel pastiche Maurice Denis, Otto Barth et Junghanns pastichent Segantini : Paul Burck, aussi, à l'occasion, et maint autre, car Segantini a fait, outre-Rhin, une impression presque aussi profonde que Bœcklin. Hans Thoma, dans plus d'un endroit, a pastiché Holman Hunt, et Max Klinger, dans son *Aphrodite*, a pastiché Watts. Adolf Brütt pastiche Rodin, Joseph Wackerle pastiche Thorwaldsen, Max Neumann pastiche Toulouse-Lautrec, Sascha Schneider pastiche de Groux, Hildebrand pastiche, à merveille, les della Robbia et moins bien Verrocchio. En sculpture, il semble toujours qu'on ait déjà vu, « dans un monde meilleur », l'anatomie et le geste que produit le statuaire allemand. En art appliqué, c'est la même chose, et à peine a-t-on pénétré dans quelque salle de « style moderne », que le faux Copenhague, le faux Gallé, le faux Doulton, le faux Delft, le faux Rozenburg, le faux Roerstrand, le faux Tiffany éclatent aux regards. On a souvent parlé de créer un Musée des pastiches, c'est inutile : il suffit d'entrer dans une exposition d'art allemand contemporain.

Le plus singulier est que ces emprunts perpétuels au génie étranger n'entament pas la confiance de l'Allemand en la supériorité de son génie propre. Il a, au moment même où il imite les autres, un immense contentement de soi-même. Il revendique l'esprit du voisin comme un trait de sa race à lui, égaré hors de ses frontières, et qui doit lui faire retour par conséquent. « Ceci est beau, dit-il, donc cela doit venir de moi, ou de mes ancêtres. »

Par exemple, un de leurs critiques loue Courbet et Millet d'avoir « introduit des éléments absolument allemands dans la peinture française[1] ». C'est une forme de folie raisonnante très curieuse à observer. Ruskin, qu'on me pardonnera de citer cette fois encore, parce qu'il serait difficile de mieux voir aujourd'hui même ce qu'il démêlait, il y a long-temps déjà, avec une lucidité singulière, écrivait dans *Fors Clavigera*, en 1874 : « Il n'y a de bonheur que pour les doux et les miséricordieux et l'Alle-mand ne peut être ni l'un ni l'autre : il ne com-prend même pas ce que ces mots signifient. C'est là qu'est l'intense, l'irréductible différence entre les natures allemande et française. Un Français n'est égoïste que lorsqu'il est vil et déréglé ; un Allemand est égoïste dans les plus purs états de vertu et de moralité. Un Français n'est sot que lorsqu'il est ignorant : aucune somme de science ne rendra jamais un Allemand modeste. « Seigneur, dit Albert Dürer en parlant de sa propre œuvre, cela ne peut être mieux fait. » Luther condamne, avec sérénité, l'Évangile de saint Jean tout entier, parce qu'il arrive que saint Jean n'est pas précisément de son avis. De même, lorsque les Allemands occu-pent la Lombardie, ils bombardent Venise, volent ses tableaux (dont ils sont incapables d'apprécier un seul coup de pinceau) et ruinent entièrement le pays moralement et physiquement, laissant der-

1. Rosenhagen. *Trübner*, Leipzig, 1909.

rière eux le vice, la misère et une haine intense déchaînée contre eux, sur tout le sol que leurs pieds maudits ont foulé. Ils font précisément la même chose en France, l'écrasent, la dépouillent, la laissent dans la misère, la rage et la honte, et s'en retournent chez eux, se pourléchant d'aise, chanter un *Te Deum*[1]. »

Tout ceci, je ne prétends pas que ce soit, et ce ne peut être, en effet, un diagnostic de l'âme allemande. Il y a d'autres éléments à considérer que l'art dans la psychologie d'un peuple, surtout quand cet art est, comme ici, voulu, guindé, composé de toutes sortes d'emprunts. Mais l'artifice même, que dévoile cette recherche, et l'échec total où elle aboutit sont de précieux indices. A ne considérer l'âme allemande que dans son art, il ne semble pas du tout que le brutal, le colossal, et le terrifiant en soient des caractères fonciers. Ce sont manifestement des caractères acquis et assimilés par une forte volonté. Tandis que la grâce, l'ordre, la mesure sont, chez l'artiste français, si naturels que, pour y manquer, il faut qu'il fasse quelque effort, ce caractère hautain et brutal de l'Allemand est si manifestement voulu que le même artiste, fort médiocre quand il se l'impose, devient tout de suite meilleur lorsque, d'aventure, il cesse de se suggestionner et se remet, comme ses ancêtres, à peindre des petites filles dans des

1. John Ruskin. *Fors Clavigera*, vol. IV.

prairies, des vieillards lisant leur Bible, ou des gnomes lutinant des fées dans la forêt. Hans Thoma, Max Klinger, Franz Stuck peuvent, là-dessus, servir de contre-épreuve. Il semble donc bien qu'ils expient, en ce moment, leur infidélité au penchant naturel de leur race. La génération précédente : les Ludwig Richter, les Moritz de Schwind, les Defregger, les Spitzweg, les Menzel, n'étaient pas de très grands artistes, mais leur art n'était nullement emprunté. Ils faisaient tranquillement leur petite besogne locale et de terroir. Ils balayaient devant leur porte.

Leurs successeurs n'ont pas été si sages, ni si heureux. En se juchant, tout d'un coup, sur un Sinaï de pacotille, en enflant la voix pour annoncer des choses qui dépassent de beaucoup leur compréhension et tenter des prodiges qui excèdent de beaucoup leur puissance, ils ont oublié ce qu'ils avaient à dire et n'ont rien trouvé d'autre. L'artiste allemand ressemble à un bon comptable qui s'imagine, un jour, avoir le génie des affaires : il emprunte à tout le monde, monte une entreprise gigantesque, s'y ruine, et donne à rire aux passants, jusqu'au jour où il regrimpe sur son tabouret et se remet à faire ses petits calculs, à la satisfaction générale.

LES ARTS DÉCORATIFS
ET LA KÜNSTLER-KOLONIE

En est-il ainsi des Arts Décoratifs? Assurément, ils n'ont pas suscité de moindres ambitions que les autres. C'est peut-être, là, que s'est porté le principal effort de l'artiste allemand et qu'il croit le plus sincèrement l'avoir emporté sur ses voisins. Si l'on pouvait tirer de lui, en toute franchise, son opinion intime sur l'art de son pays, il avouerait peut-être que sa peinture et sa sculpture n'ont pas éclipsé les françaises, mais il réclamerait en faveur de l'architecture, du meuble, et de la décoration intérieure de la maison allemande. « Si, dans le domaine de l'architecture, dit Ostwald, une forme d'art a pris naissance, c'est à l'Allemagne qu'on doit ce progrès sur une stagnation qui durait depuis environ mille ans. » Et le professeur Kuno Francke explique : « Ce n'est pas seulement dans le bon gouvernement ou dans le progrès social que l'Allemagne, durant les quarante dernières années, a dépassé la plupart des autres pays. La supériorité germanique s'est aussi manifestée avec une rapidité et un poids surprenants dans les choses qui comptent pour la beauté et la joie et l'ornement de la vie. Tandis qu'au point de vue architectonique, Paris conserve toujours le cachet du second Empire et Londres de l'ère victorienne, et que, dans les provinces françaises et les petites villes d'Angleterre, l'art de bâtir ne s'exerce que lentement et selon les vieux errements. Berlin, Hambourg, Brême, Hanovre, Cologne, Cassel, Darmstadt, Francfort, Nuremberg, Munich, pour ne pas parler de beaucoup d'autres villes allemandes, ont entrepris de véritables révolutions, durant la dernière génération. De nouveaux halls municipaux, des théâtres, des opéras, des musées, des bâtiments universitaires, des hôpitaux, des gares, des magasins, de somptueux hôtels particuliers ou des cottages modèles ont surgi partout, et, dans tous ces cas, un style d'architecture nouveau et typiquement allemand semble se développer. Il y a pas mal de lourdeur dans tout cela, mais certainement on n'y voit plus cette imitation académique et cet éclectisme formel de souvenirs pseudo-gothiques ou pseudo-renaissants. Il y a, là, la preuve fréquente d'une imagination originale et puissante et un effort incontestable vers la majesté, la proportion, la symétrie de la silhouette[1]. » Il y a quelque chose de vrai dans ce panégyrique :

1. Prof. Kuno Francke. « The Kaiser and his people. » *Atlantic Monthly*, octobre 1915.

l'ampleur de l'effort allemand. Quiconque a visité une de ces expositions d'art industriel ou décoratif qu'on a multipliées depuis le début du siècle, pour aider à la gestation d'un style moderne, à Paris comme à Turin, comme à Saint-Louis, comme à Bruxelles, quand il est entré dans la section allemande, a été frappé d'une impression particulière : puissance et cohésion.

Il semblait qu'on parcourût un royaume de titans. Les portes massives et hautes, les cyprès ou les lauriers, les aigles noirs, tout parlait de gloire, de mort, de rapacité. Mais un royaume de titans-unis. Tout portait la même marque, révélait le même caractère; et sur chaque objet semblait imprimée la trace d'une même main démesurée. A certains moments, il semblait plutôt qu'on fût dans le royaume d'un nain : l'industrieux gnome à capuchon, aux jambes torses, à la barbe patriarcale, que Ludwig Richter et Moritz de Schwind ont popularisé. Car, en toute chose, les caractères étaient de forgerons, d'alchimistes, de bûcherons : objets mal dégrossis, taillés à coups de cognée, puis ornés, tout à coup, dans un coin, d'un joyaux précieux. Mais, nains ou géants, la besogne était la même : énorme et collective. Pas de noms propres : çà et là, des noms de sociétés, de ligues, c'est tout. A Paris, en 1900, il n'y avait pas *des* exposants de jouets allemands, il n'y en avait qu'*un* : l'Allemagne. Et ce pays où la pédagogie règne jusque dans la confection des polichinelles, — car il y a des écoles spéciales pour jouets en Thuringe, — présentait tous ses pantins et leurs accessoires sur une seule scène, machinée comme une salle du musée Grévin.

Mais où l'impression était la plus forte, c'était durant l'automne de 1902, sur les bords du Pô, en Piémont. La ville de Turin avait invité les artistes de tous les pays à déployer, en liberté, les monstres du *modern style*. Tout était admis, pourvu que rien ne ressemblât aux chefs-d'œuvre du passé. Et, en effet, cela n'y ressemblait pas. Il y avait, là, des appartements pour gens maigres et des appartements pour gens gras. Il y avait des armoires rondes, des secrétaires sphériques, des garde-manger sphériques, des fauteuils triangulaires, des sièges tendus de peau ou parchemin, retentissants comme des tambours, des harmonies décoratives pour calmer toutes les espèces de neurasthénies et aussi pour en procurer d'autres. Naturellement, les portes allaient s'élargissant vers le haut, les cristaux étaient tout à fait opaques, et les porcelaines plus lourdes que du plomb. Il semblait que l'homme d'esprit, qui présidait alors aux destinées de la ville de Turin, eût voulu montrer à l'Europe tout ce qu'il fallait éviter. Mais les Allemands prirent la chose fort au sérieux. Nul de ceux qui passèrent, ce jour-là, sous l'étrange velum égyptien tendu à l'entrée du parc de Valentino ne peut l'avoir oublié. Tous les pays se présentaient à leur guise et avaient envoyé leurs meilleurs exemples de tératologie ornementale.

Mais aucun ne se présentait en bataille, en rangs serrés, comme une armée. La France apparaissait dans un désarroi notable : ici, la vitrine d'un de ses joailliers, là, quelques meubles d'un artiste moderne, plus loin des céramiques. Seuls, les noms des auteurs apprenaient que, parmi tant d'autres exposants, il y avait quelques Français. L'Angleterre existait à peine : il y avait la salle Mackintosh, il y avait la salle Walter Crane, mais d'ensemble britannique, point. Les autres nations faisaient claquer au vent les noms de leurs artistes comme des drapeaux : « Horta ! Hobé ! Henry van de Velde ! » criait la Belgique. Le Danemark exposait ses porcelaines fameuses en deux endroits fort distants l'un de l'autre.

Au contraire, il y avait toute une région, toute une suite de salles, tout un dédale purement allemand. Pas de noms : l'Allemagne. On ne trouvait, si bien que l'on fouillât toutes les pièces, que deux individus, deux têtes dressées du même rythme, impassible, hautain, impersonnel : d'abord l'Empereur, au-dessus d'une fontaine massive et rude, et puis, au fond d'une petite chambre, Nietzsche. L'homme qui a dit : « Je vous en conjure, mes frères, restez fidèles à la terre et n'en croyez pas ceux qui vous parlent d'espérances supra-terrestres ! Ce sont des empoisonneurs... » et celui qui a dit : « L'Art doit être une aide et une force éducative pour toutes les classes de mon peuple, c'est-à-dire lui donner, quand il est las après un dur labeur, le moyen de se fortifier par la contemplation des choses idéales. » C'était tout. Si vous prêtiez l'oreille aux accents des constructeurs, ou de leurs amis, voici les étranges paroles qu'on entendait : *Pénètre, étranger : ici règne l'Empire allemand ; considère d'un cœur joyeux sa vaillance ! — C'est une devise de ce goût qu'il faudrait graver au centre de l'entrée. Car ce qui se révèle silencieusement dans ce hall, c'est la puissance : c'est la puissance de l'Empire de Wilhelm II, mûre, prête, décidée, forte du même droit, de la même possession, de la même autorité, s'il lui fallait assurer sa place parmi les puissances du monde, dans un nouveau partage du globe, que celles que le destin de ses peuples a publiées comme son immuable décret* [1].... »

Alors, on s'enfonçait dans des salles obscures, çà et là, éclairées d'une lumière louche, vers des fontaines où l'eau semblait rouler une poussière d'or. Des meubles trapus se courbaient vers la terre et y enfonçaient leurs griffes, comme s'ils avaient peur qu'on les en arrachât. Des cheminées en forme de sarcophages, des tables myriapodes, des tentures massives comme des cottes de mailles, défiant le temps, des figures de cauchemar : toujours la lutte de l'homme contre la destinée, ou bien des symboles du courage, de la patience, de la force : une lionne, un chevalier tout

1. Georg Fuchs. Le Vestibule de la Maison de Puissance et de Beauté. *Deutsche Kunst urd Dekoration*, Darmstatd, 1902.

armé ; des forêts sombres, des sommets incultes, neigeux, une nature implacable dans son indifférence ou son hostilité : — voilà ce qu'on rencontrait toujours et partout. Ah ! elle était loin, la recherche du *gemüthlich*? Ce n'était pas beau, mais c'était écrasant. Parmi la dispersion des autres pays, l'Allemagne se présentait, là, unie et disciplinée comme une armée en bataille. Et quand on repassait sous le velum et sous le monument sculpté par Calandra, et qu'on quittait cette éphémère apothéose de l'extravagance internationale que fut l'Exposition de Turin, en 1902, on emportait une impression de malaise à la pensée de l'immense nation organisant un art comme on organise une invasion.

D'où venait cet art? De l'endroit le moins fait, semble-t-il, pour inspirer de pareils énergumènes : de Darmstadt. Car c'est de là, plutôt que de Munich, plutôt que de Weimar, qu'est parti, à la fin du xixᵉ siècle, le mouvement qui devait « rénover », au dire de M. Ostwald et de M. Kuno Francke, « l'Art de la Maison », en Allemagne. Il y avait, en ce temps-là, dans la capitale de la Hesse, un jeune prince épris des arts, qui venait de ceindre la couronne grand-ducale. Il s'appelait Ernst-Ludwig, et méditait de laisser ce nom à la postérité, entouré des prestiges que donne un mécénisme intelligent. Il méditait, aussi, de faire une bonne affaire. Or, à l'extrémité de sa bonne ville, bien loin vers l'Est, par delà les casernes, près de l'ancienne porte de la ville, appelée « la porte des Chasseurs », sur le chemin des prairies et des forêts de hêtres, s'étendait un parc touffu, ombreux, mystérieux, enchevêtré, qu'on appelait la *Mathildenhöhe*. On n'y voyait jamais personne, sauf quelques enfants, le jeudi, ce qui faisait qu'on l'appelait le « parc du jeudi ». Beaucoup de vieux habitants de Darmstadt ignoraient son existence. Des pavillons royaux, inhabités, contrevents fermés, oubliés par les princes, adoptés par les mousses et les aristoloches, paraissaient, çà et là, au détour d'une allée. Le reste était sauvage. On eût pu, en cherchant bien, trouver les troncs d'arbres où habitait la sœur des *Sept Corbeaux*, où l'épée de Siegfried est plantée. C'était beau. Toutefois le jeune prince jetait sur ces splendeurs végétales un regard sévère. Peut-être se rappelait-il le parti que les habitants de la Riviera ont su tirer de leurs pinèdes et de leurs champs d'oliviers, en les remplaçant par des garages d'automobiles ou des maisons de rapport. Il lui parut que l'Allemagne avait assez entretenu de forêts mystérieuses, dans le passé, pour le plaisir des Richter et des Schwind, et qu'il était temps de monnayer le mystère. Bref, il découpa, abattit, dépeça, vendit tout ce qui était d'un rapport facile, traçant, à travers le parc féerique, des rues et des trottoirs, pour mieux attirer le chaland. Il restait encore un morceau d'importance : ne sachant qu'en faire, il le donna aux artistes.

Un des thèmes favoris de la critique contemporaine est que l'absence d'un style moderne, dans l'art, tient à l'absence de liberté chez l'artiste. L'architecte, le décorateur, le dessinateur de meubles, ont la tête pleine de nouveautés heureuses, prêtes à s'extérioriser : malheureusement, le bourgeois, qui les emploie, pèse de tout son poids, du poids de ses préjugés et de son or, pour les arrêter dans leur essor. Il y a, aussi, les ordonnances de police sur les façades, qu'il faut rendre responsables des mascarons sans génie et des pâtisseries superfétatoires. Enfin, la division du travail et la spécialisation à outrance, — ces deux conditions du travail moderne, — sont de grandes coupables. Au lieu que ce soit l'architecte, comme dans les temps anciens, qui ait la haute main sur tout l'œuvre et en règle les diverses parties, sculpture, décoration, meubles même, dans leur rapport avec le plan général de l'édifice, chaque artiste employé ne songe qu'à faire une exposition de ses talents, comme s'il était seul, et sans égard à l'effet que produisent les autres. Que l'artiste ne dépende plus du bourgeois et que tout dépende de l'architecte, — et le style du xxe siècle est né !

Le grand-duc de Hesse entendait ces doléances, comme nous les avons tous entendues, il y a quelque vingt cinq ans, et il résolut d'y mettre un terme. Il décida d'appeler, de toutes parts, les « stylistes modernes » et de leur donner, libéralement, les moyens de bâtir des demeures qui « répondent à la personnalité humaine et artistique de leurs habi-

tants », comme on disait dans le jargon du moment.
Il leur offrit cet espace admirable de la *Mathildenhöhe*, demeuré sauvage, tout en légères ondulations, et plein des plus beaux arbres du monde,
pour y établir un groupe de maisons et d'ateliers,
à leur guise, une *Künstler-Kolonie*. Il fournit l'argent nécessaire. Tous les artistes capables de réaliser l'insaisissable style moderne furent conviés
au grand œuvre. Il alla chercher, à Paris, Hans
Christiansen, Allemand formé par la fréquentation
des ateliers français et connu seulement par les
dessins modernistes qu'il envoyait à la *Jugend* ; il
alla prendre, à Vienne, l'architecte Olbrich, redoutable bâtisseur de villes mi-orientales et pseudo-
italiennes ; il fit venir, de Munich, le sculpteur
Habich ; il découvrit, à Mayence, le jeune Patriz
Huber, âgé de vingt ans tout au plus, décorateur
alaman de Souabe, qui donnait les plus grandes
espérances ; il appela, de Magdebourg, un enfant
prodige, Paul Burck, la tête déjà pleine de rémi-
niscences de tous les maîtres, spécialement de
Segantini ; il emprunta à Berlin Rudolf Bosselt,
qui, comme tant d'autres, ciselait des figures de
femmes exaspérées d'être attachées à des objets
de première nécessité ; il nomma maître de l'œuvre
Peter Behrens, architecte et décorateur notable,
déjà, et qui devait le devenir plus encore. Il les
lâcha dans le parc de la *Mathildenhöhe* et leur dit :
« Allez ! Il n'y a plus de style, il n'y a plus de loi, il
n'y en a jamais eu. Faites la maison de vos rêves ! »

Ce qu'ils firent, les bons Hessois le virent à l'Exposition de la *Künstler-Kolonie*, en 1901, et se demandèrent, respectueusement, si leur grand-duc avait bien sa tête à lui. A peine au sortir de leur ville, il leur semblait qu'ils entraient dans un autre monde : celui de la cacophonie et de l'incongru. « Qu'est cela? se dirent-ils, nous ne sommes plus à Darmstadt! » Ceux d'entre eux qui avaient vu, à Paris, la rue du Caire, en 1889, ou bien à Berlin, *Venise*, pensèrent qu'ils assistaient à une nouvelle fantaisie de ce genre. Mais du moins, à Paris, ils s'étaient amusés! Ici, on ne c'amusait qu'aux dépens de l'art allemand.

Pourtant, on était en présence d'une imposante manifestation d'union et de solidarité esthétiques. Olbrich avait bâti la maison de Hans Christiansen, que celui-ci avait décorée de roses, de roses sanglantes plaquées entre des murs bleus, sous un toit de tuiles vertes. Comme décor d'un jour, c'était un peu criard, mais assez réussi : seulement, il ne semblait pas qu'on pût habiter dans ce « déjeuner de soleil ». Olbrich avait encore bâti, au milieu de la colonie, la maison commune des artistes, celle où ils devaient tous avoir leurs ateliers : la Maison Ernst-Ludwig. On voyait, sur le perron, deux gigantesques statues de Habich, qu'on croyait laissées à la porte par l'impossibilité où l'on avait été de les faire entrer. Peter Behrens avait bâti sa propre maison dans le style perpendiculaire, à longs filets de briques, qu'on voit à quelques vieux édifices allemands, notamment à la Stargardter-thor, à Neu-Brandenburg. Les autres s'étaient entr'aidés à construire ou à décorer leurs réciproques demeures, avec un enthousiasme collectif. L'ensemble paraissait fait pour loger des marionnettes. Les intérieurs, tout en coins et en recoins, pouvaient servir de décors à des scènes de genre, mais interdisaient tout espoir d'y vivre bourgeoisement. Certaines choses, comme la Maison Ernst-Ludwig, étaient franchement horribles.

Les gens de Darmstadt se consultèrent avec inquiétude. Ils se racontaient l'histoire d'un jeune homme riche de Munich qui, ayant eu la faiblesse de se bâtir une maison *art nouveau*, laquelle ne lui avait pas coûté moins de 1 200 000 marks, avait pris le parti, la voyant terminée, d'aller faire le tour du monde. Puis la foule s'écoula, plus goguenarde qu'on ne l'eût attendu, peut-être, d'une foule allemande, et les artistes se trouvèrent seuls dans la « maison de leurs rêves... ». Ils n'y restèrent pas longtemps. Bientôt, à l'usage, ils s'aperçurent que dans le groupe des ateliers, on ne pouvait pas faire d'ateliers et que dans les maisons d'habitation, on ne pouvait pas vivre. Dès lors, il suffit d'un vent d'hiver pour les lasser de leur fantasmagorie moderniste, et ceux qui l'avaient conçue, épouvantés de leur propre œuvre, se hâtèrent de fuir sous d'autres plafonds, se chauffer à d'autres foyers, moins modernes, mais plus pratiques, montrant ainsi qu'ils étaient capables de toutes les gageures, hors d'habiter la maison qu'ils avaient bâtie.

La première tentative d'art nouveau, en Allemagne, était donc un échec. Croyez-vous qu'on s'en tint là? Pas du tout. « Les moulins allemands tournent lentement, mais ils tournent toujours. » On se remit à l'œuvre, sur de nouveaux frais. Un peu partout, à Berlin, à Munich, à Dresde. on travailla. A Weimar, notamment, la grande-duchesse s'était mis en tête de renouveler, dans une certaine mesure, la tentative de Darmstadt sans tomber dans ses erreurs, et ce fut un Belge, Henry van de Velde, qui prit la direction du mouvement nouveau. Il fut rapidement entouré de disciples; les plus audacieuses tentatives furent envisagées, spécialement pour renouveler le meuble; les plus hauts problèmes d'esthétique abordés. Quelques-uns prétendirent que « les jours de Gœthe étaient revenus... ». D'autres, plus prudents, prirent le paquebot pour l'Angleterre, soupçonnant que le meuble anglais, solide sans être massif, clair, simple, pratique, exactement adapté aux exiguïtés de nos demeures et aux exigences de la vie moderne, était peut-être plus facile à démarquer qu'à surpasser. Ils tentèrent donc de le pasticher. Ce qu'il advint de tous ces efforts, on le vit à l'Exposition de Bruxelles, en 1910, et l'on fut édifié.

Reprenons, par le souvenir, le chemin de cette Exposition, telle qu'elle apparaissait à la lisière du Bois de la Cambre, avant que l'incendie en eût détruit nombre de palais. Dépassons les pavillons anglais et français et arrêtons-nous sur le plateau où se tient l'Allemagne. De fort loin, on l'aperçoit, tout entière, concentrée dans une cité bâtie par elle-même, comme un État dans l'État, annonçant son omnipotence par son aspect rogue et cossu. Il y a un abîme entre les prétentions architecturales du *modern style*, à Darmstadt en 1901, ou de Turin en 1902, et celles de Bruxelles en 1910. L'Allemagne s'est très assagie. On voit, tout de suite, qu'on y a beaucoup travaillé depuis dix ans et qu'on a renié, sans vergogne, la plupart des principes affichés avec hauteur, dix ans auparavant. « Rien des styles anciens ! » telle est la théorie, en 1901, à Darmstadt. Tous les styles anciens mélangés selon de nouvelles formules : telle est, à Bruxelles en 1910, la pratique. On s'est retourné complètement, et, si l'on se trompe, du moins ce n'est plus de la même façon. L'influence a passé à d'autres maîtres, à Emmanuel de Seidl et à Hermann Muthesius, notamment. Ils ont fait triompher le massif, le sobre et le sévère. Dorénavant, l'architecte allemand ne cherche plus à tirer une salle de bains des profondeurs de sa propre conscience, ni à extérioriser son état d'âme dans un vestibule. Il revient au solide et au traditionnel. Il se remet aux styles anciens, qui ont ceci de bon qu'ils ont été expérimentés et soumis à la contre-épreuve des siècles et ont prouvé leur vitalité en vivant. La route qu'il suit désormais est meilleure et si elle ne l'a mené à aucun chef-d'œuvre, elle ne l'a pas conduit à des abîmes de mauvais goût.

Comme aspect, c'est, au premier abord, bizarre. Cela commence à terre comme un temple grec et cela finit dans le ciel comme une maison de Nuremberg. Un grand capuchon de tuiles descend sur des colonnes doriques, basses et trapues, le vieux pignon national couronne la maison gréco-romaine : — telle est l'impression d'ensemble. Considérons maintenant le détail : cette maison antique ne ressemble, en rien, à la véritable demeure des anciens, le toit gothique se relève par des ondulations et des renflements, sans une seule coupure nette du profil, jusqu'au moment où il jaillit en pignon. C'est une combinaison de vieux et de neuf. Par là-dessus domine une couleur mi-partie noire et blanche sur les grands plans, avec de petites décorations d'un rouge vif de géranium. On remarque que les fenêtres, larges et basses, quadrillées de carreaux blancs, sont aussi tendues de rideaux roses, gris et noirs. C'est une maison en deuil, avec, çà et là, des roses.

L'intérieur est tout aussi surprenant. Il n'est pas rare d'y trouver un plafond blanc Louis XV, soutenu par des piliers de la Susiane en briques vernissées, vert et lie-de-vin; un boudoir sombre et carré, alternant avec une salle d'étude ovale décorée dans le goût de Sans-Souci; une chambre à coucher sépulcrale meublée comme une cour d'assises, une salle à manger plaquée de céramiques diverses, avec un aspect de damier gigantesque et de jeu de dominos, où les verres, pleins de vins du Rhin, montent et éclosent comme des fleurs. Nul souvenir de la ligne torse et retorse qu'on appela le grand « vermicelle belge », ni du « modern-style » français, lequel empruntait presque toutes ses formes au monde sous-marin. Quand, par hasard, ce n'est pas sombre et trapu, c'est tout simplement anglais. L'ensemble, abstraction faite des rares souvenirs du xviiie siècle, donne l'impression de quelque chose d'étoffé, de rabattu sur le sol, de dur et de géométrique, de « cubique », en un mot, — ce mot étant le seul qui transpose, en une notion intellectuelle, pour le lecteur, l'ensemble des sensations que le visiteur a éprouvées.

Aussi, le meuble et la décoration intérieure, en Allemagne, ont-ils cette fois encore abouti à un complet échec. Nous en avons vu quelque chose, en 1910, à Paris, au *Salon d'automne*, dans les salles de l'Exposition des arts décoratifs de Munich. Il fallut, à cette époque, tout l'engouement irraisonné que la critique, dite « d'avant-garde », professait à l'égard des innovations exotiques, pour se dissimuler la pauvreté de cette œuvre. Elle ne vaut rien.

Mais il en va tout autrement de l'architecture même et de la décoration extérieure. Là, il faut reconnaître un grand progrès chez l'artiste d'outre-Rhin. L'accusation de mauvais goût qu'on lance

contre lui doit s'entendre dans un certain sens et
perd de sa valeur à être prodiguée. Quand on parle
du « goût décoratif » des Allemands, il ne faut
point en juger par celui que la femme allemande
déploie dans ses toilettes. C'est un point de vue,
mais ce n'est pas le seul. Il ne faut pas en juger,
non plus, par ces articles de « camelote » débités,
dans le monde entier et tellement adaptés au goût
des foules de tous les pays que, le plus souvent
ces foules la croient marchandise nationale. Une
autre opinion tout aussi erronée est que l'architecture allemande se reconnaîtrait à la surabondance
d'ornements parasites, à son faux luxe, à ses entassements de figures et de surplombs. C'est juste
le contraire qui est vrai. L'édifice allemand contemporain se reconnaît à ce qu'il y a, dans sa construction, de sobre, de massif et de sévère, disons
même de triste, — et c'est son plus grand défaut. De grandes surfaces plates et nues, enca-
drées de hautes tiges droites, du sol aux combles,
où les pleins l'emportent de beaucoup sur les vides,
où les ornements n'apparaissent que par petits
groupes et généralement en retrait, au lieu d'être
en saillie, les colonnes mêmes rentrantes dans le
plan des façades, une matière très dure et compacte,
des toits tombant très bas et encapuchonnant
l'édifice : — voilà son caractère distinctif. Rien au
monde n'est plus éloigné du rococo, du *Zwinger*
de Dresde ou des fantaisies de Louis II de Ba-
vière. C'est une réaction totale, hautaine, brutale

même, contre tout ce que l'Allemagne, francisée au xviiie siècle, adora.

C'est ce qu'on trouve, par exemple, dans la *Surintendance* de Dresde, bâtie par Schilling et Graebner, dans le château Zlin, à Mähren, bâti par Léopol Bauer, dans les maisons bâties par Paul Ludwig Troost, dans la Georgenstrasse, à Munich, dans la maison Lautenbacher bâtie par Emmanuel de Seidl, dans la maison Lautenschlager, à Francfort-sur-le-Mein, bâtie par Hugo Eberhardt, dans la *Caisse d'Épargne* et le *Gymnase du Roi George*, de Dresde, bâtis par Hans Erlwein, la *Banque provinciale* de Dresde, bâtie par Lossow et Viehweger, pour ne citer que les plus connus. De même, encore, la villa du docteur Narda, à Blankenburg, en Thuringe, la maison des Anglais à Elberfeld, par Seidl et le château Wendorff, dans le Mecklembourg, bâti par Paul Korff. Tout n'est point mauvais dans ces laborieuses combinaisons de styles anciens, nationaux ou autres. En tout cas, ces tentatives, relativement nouvelles, sont beaucoup moins malheureuses que les anciennes. L'art décoratif moderne, après tant de siècles inventeurs, est une adaptation plutôt qu'une création et une recherche d'appropriation des belles formes trouvées par d'autres à des besoins ressentis par nous. C'est un travail tout à fait conforme au génie allemand. Même à Berlin, dans les maisons, palais, ou salles de concert bâtis par les Rathenau, les Gessner, les Endell, les Bischoff, les Berndt, les

Schaudt, les Jaster et Herpins, les Klopsch, et surtout par Muthesius, on trouve d'heureuses appropriations des styles surannés.

Mais qu'est-ce qu'il y a de proprement allemand dans tout cela? Rien du tout. Seuls, les philosophes ou apologistes de rencontre, comme Ostwald, prétendent voir, dans les constructions nouvelles de leur pays, des caractères spécifiquement germaniques. Les critiques d'art et les artistes savent mieux à quoi s'en tenir. Il n'est pas niable, — et ils ne nient pas, — que tout ce que l'art allemand a produit de bon, dans l'application décorative, soit venu d'Angleterre. « Nous ne saurions, ni ne voudrions passer sous silence, — dit l'auteur de la notice sur l'*Industrie d'art en Allemagne*, en tête du catalogue officiel de l'Exposition de Bruxelles, en 1910, — que les principes de réforme qui ont été par la suite pour notre industrie d'art comme la parole de salut, ont pris pour nous venir d'Angleterre, dans une proportion considérable, le chemin de la Belgique, et que, dans ce pays de réalités industrielles, ils ont été, pour notre profit, dégagés tout d'abord d'un romantisme de mauvais aloi. Il n'y pas un ouvrier d'art allemand qui puisse visiter cette exposition sans se remémorer les noms autrefois si souvent prononcés des Lemmen, des Finch, des Serrurier-Bovy, ou des Horta, mais surtout de Henry van de Velde.... C'est de Muthesius, à la fois artiste et administrateur, et qui a, pendant un temps, étudié à fond l'organisation de l'enseignement industriel en Angleterre, que part, dans ce qu'elle a d'essentiel, la réforme radicale des écoles allemandes d'art industriel.... »

La seule prétention des artistes d'outre-Rhin est d'avoir adapté aux conditions économiques de la foule et aux moyens de production mécanique, les idées venues d'Angleterre : « Le large esprit de réforme éthico-esthétique, dit le même auteur, à la conscience duquel se sont éveillés les temps nouveaux, dans les ateliers professionnels du groupe Morris, ou aux tables de travail du groupe Ruskin, et qui s'est ensuite modernisé, socialisé, individualisé en Belgique d'une façon décisive, a pris, dans l'Allemagne contemporaine, un tel élan de croissance qu'il y régit en grande puissance l'Industrie, le Commerce et l'Art [1]. » Mais cette prétention même est insoutenable. L'Angleterre avait donné, bien avant l'Allemagne, des exemples de cottages, de portails, de meubles, d'aménagement et de décoration intérieurs, fort simples et fort bon marché, du moins pour les bourses anglaises. Des architectes comme Baillie Scott et Voysey avaient travaillé dans ce sens bien avant les Allemands et Voysey avait même fait la théorie de cette pratique. C'est lui qui avait insisté le premier sur le parti qu'on pourrait tirer des procédés mécaniques de fabrication dans le meuble, si

---

1. Karl Scheffer. *L'Industrie d'art en Allemagne.* Catalogue officiel de la section allemande. Exposition universelle de Bruxelles, 1910.

l'on voulait bien concevoir le meuble en fonction de ces procédés. On ne sait ce que signifient ces mots « modernisé, socialisé en Belgique », lorsqu'on observe que ce souci de l'esthétique ne s'est pas arrêté, chez les Anglais, aux classes supérieures, mais qu'il a pénétré, depuis bien longtemps, dans les projets d'habitations ouvrières et, depuis vingt ans, dans l'organisation des immenses *garden-cities*, qui sont des modèles. Tout ce que les Allemands ont de bon, dans cet ordre de choses, est anglais.

Un seul caractère purement germanique se révèle dans les récentes constructions allemandes : le colossal ou le cyclopéen. Certes, ce caractère n'est pas nouveau dans l'architecture monumentale et commémorative, ni dans la statuaire qui en fait partie intégrante. La *Germania* du Niederwald; le monument de Barberousse et de Guillaume Ier, sur le Kyffhaüser, en Thuringe, par Geiger; la statue d'Arminius, dans la forêt de Teutoburg; la statue colossale de Bismarck, bien d'autres gigantesques entassements de pierres ou de bronze avaient, dès longtemps, révélé ce goût immodéré de l'Allemand pour ce qui tient de la place. Ce qui est nouveau, c'est de le porter dans l'aspect extérieur de simples maisons de rapport, de banques, de gares de chemins de fer ou de magasins de nouveautés; c'est de donner une structure cyclopéenne, en pleine ville d'affaires, le long d'une rue où roulent les tramways, à des édifices d'usage domestique et journalier, et d'évoquer, tout d'un coup, Thèbes ou Ipsamboul, à propos de rien. Cette innovation, la dernière en date, des architectes d'outre-Rhin, leur appartient bien en propre. Mais elle n'est guère heureuse, et nul n'aura l'idée de la louer.

Dans l'art du décor, au théâtre, il s'est produit aussi une évolution curieuse et fort inattendue. Du temps de Wagner, c'était un axiome que la mise en scène devait donner, aussi complète que possible, l'impression de la réalité. S'il s'agissait d'une forêt, on devait se croire vraiment transporté en pleine ombre verte, sous des feuilles bruissantes, avec l'éclairage véritable et changeant que donne la nature ; s'il s'agissait d'un intérieur, le jour ne devait venir que d'un côté, non de la rampe, et frapper inégalement les figures. Le détail des objets concourait à une illusion complète.

Aujourd'hui, c'est tout le contraire : un schéma de décor suffit ; une arabesque sur la toile suggère un nuage, un pan de terrain, une forêt ; deux ou trois grands traits symbolisent des arbres ; quelques cubes sombres, l'intérieur d'un palais. Pratiquement, c'est le retour au décor conventionnel, c'est-à-dire qui ne ressemble point à la nature. La seule différence, c'est qu'on a remplacé le mot « conventionnel » par le mot « stylisé ». Ainsi, tout l'effort du décorateur ancien tendait à meubler la scène de choses diverses et pittoresques pour amuser l'œil et l'occuper en même temps que l'oreille. Tout l'effort du nouveau est de vider la scène de tout ce qui n'est pas indispensable pour en suggérer, vaguement, le lieu. Tels sont les décors d'Adolphe Appia, et de Ludwig Sievert pour *Parsifal*, d'Ottomar Starke pour *Gudrun* et *Jules César*, de Walter Bertine pour *Aglavaine et Selysette*, de Fritz Schumacher pour *Hamlet*, de Curt Kempin pour les *Niebelungen*, pour le *Torquato Tasso* de Gœthe et pour la Grotte des lépreux, dans l'*Annonciation* de Paul Claudel, à Hellerau. D'autres décorateurs, au théâtre des Artistes, de Munich, ont appliqué plus ou moins heureusement ce programme. Au reste, il semble bien que cette réforme vienne encore d'un Suisse, Adolphe Appia, en même temps que deux autres Suisses, Hodler et Dalcroze, donnaient, dans divers domaines, des exemples très suivis de l'autre côté du Rhin, notamment au théâtre d'Hellerau. Ainsi, en parvenant au terme de cette étude, nous retrouvons ce qui nous a frappé, dès le début, dans cette école : l'imitation.

Tel est l'art allemand d'aujourd'hui : médiocre dans la peinture, détestable dans la sculpture, emprunté dans la décoration. Il offre toujours une adaptation, plus ou moins heureuse, des styles étrangers. C'est pourquoi n'avait-il jamais, jusqu'ici, fait parler de lui. On pensait qu'il n'en ferait jamais parler : on se trompait. Le manifeste pour la destruction de la cathédrale de Reims est, à cet égard, un coup de maître. Ce texte, où les sculpteurs, les peintres et les architectes se solidarisent avec les bombardiers qui ont brisé nos statues du xiiie siècle, n'est imité d'aucune œuvre ancienne, ne doit rien à personne : il est entièrement original. Il y a des exemples d'un pareil vandalisme, dans l'histoire : il est sans exemple que les artistes d'un pays se soient levés pour l'applaudir. Il faudrait, je ne dis pas pour les excuser, mais pour les comprendre, que, dans un délire d'ambition créatrice, ces hommes soient capables de donner au monde un chef-d'œuvre en échange de celui qu'ils ont détruit. Or, ils ne le sont pas.

Janvier 1916.

CE QU'ILS N'ONT PU DÉTRUIRE

LES TAPISSERIES DE REIMS

Au Moyen âge, lorsque la guerre obligeait un prince à quitter ses foyers pour entrer en campagne, il ne manquait pas d'emporter avec lui ses tapisseries. On les roulait, on les mettait sur le dos des mulets ou « sommiers », et elles suivaient le camp, si elles ne le précédaient pas. A l'étape, on les déroulait, on les accrochait soigneusement aux murailles du château ou de l'hôtel de ville, là où devait s'arrêter le chef, parfois même autour de sa tente, en plein champ. Inutile de dire si les badauds et les enfants, habitants de ces pays perdus, s'attroupaient pour voir se déployer les éclatantes figures tissées dans la laine, l'or ou la soie : les rois, les prophètes ou les saints, avec leurs beaux phylactères déroulés de la bouche, les bêtes fantastiques affrontées avec leurs longues cornes au milieu du front, Dieu le Père en habits d'archevêque, les dames tout emperlées, les seigneurs coiffés de leurs toques et de leurs bicoquets.

Les pauvres gens se remplissaient l'imagination

de ces images pour toute leur vie èt, la guerre
finie, le prince disparu, il leur en restait une vision
du Paradis et de l'art des hommes plus durable
peut-être que les horreurs auxquelles ils avaient
assisté.

Nous sommes, en ce moment, ces badauds. Les
hasards de la guerre ont amené à Paris, où elles
n'auraient jamais dû venir, les tapisseries tissées
il y quatre et cinq cents ans, pour embellir le
chœur de la cathédrale de Reims. A l'approche
des Barbares, elles ont été enlevées et mises en
lieu sûr. Le bombardement, qui a fait un petit tas
de poussière de la *Reine de Saba*, de l'*Ange* compagnon du *saint Nicaise* et de tant d'autres figures
du portail, ne les a pas touchées. Car c'est parfois
ce qui est le plus fragile qui est le moins éphémère.
Et les voici, maintenant, au *Petit-Palais*, dans la
pleine lumière des Champs-Élysées, entourées des
feuilles vivantes des marronniers visibles à travers
les hautes baies de cristal, au milieu de toutes les
activités d'un peuple moderne. On ne les avait
jamais si bien vues. Beaucoup de leurs figures,
soupçonnées plutôt qu'aperçues, ne livraient leurs
secrets qu'à de patients archéologues. C'étaient
des fantômes de chefs-d'œuvre. Et, en plusieurs
endroits, leurs couleurs éteintes, leurs lignes trem-
blantes, leurs laborieux et malchanceux rapié-
çages en font encore des énigmes. Mais leur
charme voilé s'accorde admirablement à nos sentiments et à nos méditations présentes. Leurs cou-

leurs ne crient pas, ne chantent pas : elles psalmo-
dient à peine. Ce qu'elles murmurent, ce sont de
bien vieilles histoires qui enchantèrent l'humanité
autrefois et qui, aujourd'hui peut-être encore, peuvent distraire l'âme française de ses douleurs, sans
cependant troubler son recueillement. Profitons
donc de leur présence, pour les interroger et, s'il
nous est possible, pour les comprendre. Jusqu'au
jour où, revenues à leur berceau et à leur destination première, elles se tendront pour un défilé
triomphal, comme les défilés pour quoi elles furent
faites, il y a cinq cents ans.

CHAPITRE I

CE QU'ONT VOULU LES DONATEURS

Il y a, au Petit-Palais, trois suites, ou fragments de suites, de tapisseries très diverses : l'une du xve siècle, l'autre du xvie, la troisième du xviie, et destinées, semble-t-il, au même rôle décoratif. La première, qui ne comprend que deux pièces sur six, énormes à la vérité, est l'histoire du « fort roy Clovis », tissée vers 1435 ; la seconde, qui comprend quatorze pièces sur dix-sept, est l'histoire de la vie et de la mort de la Vierge, imaginée par un certain Lemaire, commencée en 1509, terminée en 1530 et offerte par l'archevêque de Reims, Robert de Lenoncourt, à la cathédrale, pour tapisser l'intérieur de l'ancien chœur. Cette suite comprenait primitivement dix-sept pièces : l'une d'elles, destinée à servir de tenture à la porte dū chœur, a toujours été beaucoup plus petite que ses voisines ; deux autres pièces ont été rognées, on ne sait quand, ni pourquoi et fort abîmées : elles existent encore, mais elles ne figurent pas ici.

Enfin, la troisième suite comprend deux des scènes de l'Évangile, tissées par Pepersack, à Reims, vers 1633. Les autres, étant demeurées à l'ancien archevêché de Reims, viennent d'être brûlées par les Barbares. Il se trouve heureusement que cette suite détruite était la moins précieuse, mais on ne saurait faire un mérite aux canonniers allemands de n'avoir point détruit les autres : si doctes qu'on puisse les supposer, il est peu probable que leurs obus aient distingué entre les fils tissés au xve et au xviie siècle.

Les exemples ainsi réunis au Petit-Palais représentent admirablement les trois principaux âges de la tapisserie, comme pour une leçon. Le passant le plus distrait et le moins versé dans cette étude y lit, comme à livre ouvert, ce qui caractérise chacun d'eux. Et, par « âges », j'entends surtout trois règnes ou trois conceptions différentes de la tapisserie décorative, car elles ne se sont pas succédé toujours dans un rigoureux ordre chronologique. Ce sont, là, trois esthétiques très différentes et qui, dans l'ensemble de l'art, marquent bien les trois étapes qu'il a fournies. La première, représentée par l'*Histoire du roi Clovis*, est l'âge de la confusion ; la seconde, représentée par *la Vie et la Mort de la Vierge*, est l'âge de l'harmonie ; la troisième, représentée par les deux tapisseries de Pepersack, est l'âge de l'ordre, mais, hélas ! l'ordre dans le vide et la solitude. La première est la pléthore décorative, la seconde est la richesse décorative, et la troisième est le dénuement.

Autant donc qu'on en peut juger encore, car beaucoup de ces couleurs sont passées, l'*Histoire de Clovis* était un émiettement de l'effet coloré, œuvre d'un mosaïste minutieux, qui ne songeait qu'à mettre le plus de couleurs diverses dans le plus petit espace. L'*Histoire de la Vierge* était, au contraire, un équilibre de tons locaux et de tons rompus, avec des notes très longues et des notes très brèves alternant, beaucoup de modulations mais aussi des mélodies. Enfin, l'œuvre de Pepersack est un simple tableau et encore un tableau classique, qui devait être enfermé dans un cadre d'or et réduit aux proportions d'une toile de chevalet. Seule, l'*Histoire de la Vierge* est une vraie tapisserie décorative, c'est-à-dire que, seule, elle présente les caractères propres à une grande décoration murale et monumentale, mobile et tendue. Elle accuse nettement sa matière textile. Elle peut faire des plis et même, çà et là, être cachée en partie sans perdre pour cela toute sa signification. Elle peut donc servir de fond à d'autres objets, à une figuration. On peut la regarder pendant toute la durée d'une cérémonie, sans fatigue et avec un plaisir sans cesse renouvelé, une curiosité jamais lassée, ni même satisfaite. C'est l'âge d'or de la tapisserie.

Cette conformité de l'objet à sa destination a-t-elle été expressément voulue par l'artiste? Devons nous croire cette adaptation de l'art à ses fins, le résultat d'une longue méditation sur les différences entre la décoration murale et le tableau de chevalet, ou encore sur l'utilisation des procédés propres

à la peinture textile opposés à ceux de la dé-
trempe ou de l'huile? Point du tout. Ce sont, là, des
préoccupations modernes, nées de l'étude critique
des œuvres. C'est le hasard et les circonstances
qui ont déterminé l'artiste du xvᵉ et du xvіᵉ siècle
à prendre ce parti heureusen... ªt décoratif. Il a
employé moins de couleurs avec ses laines qu'avec
ses ocres, mais c'est parce qu'il en avait moins. Il
a représenté plus d'épisodes que dans un tableau,
mais c'est parce qu'il avait plus d'espace. Il a mul-
tiplié les armoiries et les inscriptions sur les cartouches, banderoles ou « rolets », mais c'est parce
qu'elles lui étaient imposées par ses patrons. Un
heureux concours de nécessités ou d'obstacles, de
facilités ou d'impossibilités matérielles l'a conduit
et contraint à faire œuvre décorative. On ne voit pas
du tout qu'il l'ait choisie et voulue de préférence à
toute autre chose. Ce qu'il a voulu, de toute évidence et du plus près possible, c'est « contrefaire
la nature », comme on disait alors. Il ne s'y est
pas pris autrement que s'il avait à faire un tableau,
comme nous le verrons tout à l'heure en exami-
nant dans le détail, les caractères spécifiques de
son œuvre. Cette tapisserie des premières années
du xvіᵉ siècle offre donc tous les caractères de la
peinture du xvᵉ siècle, — sans plus.

Considérons donc les compositions de *la Vie
et la Mort de la Vierge*, une à une, comme les plus
beaux ensembles d'images faites pour animer
les murailles dans un sanctuaire. Justement, on

les a disposées, ici, dans l'ordre où elles étaient autrefois, à la cathédrale de Reims, quand elles tapissaient l'ancien chœur, c'est-à-dire à droite, en entrant, l'*Arbre de Jessé*, qui est le premier tableau de *la Vie et la Mort de la Sainte Vierge*, et à gauche, la *Mort de la Vierge*, qui en est le dernier, les douze autres pièces faisant le tour du chœur, interrompues seulement, derrière le maître-autel, par les six pièces de l'*Histoire de Clovis*. Des trois autres pièces plus petites de *la Vie et la Mort de la Vierge*, qui manquent ici, l'une, *l'Assomption*, tapissait la porte du jubé, les deux autres, les *Prétendants à la main de Marie* et la *Visitation*, tapissaient vraisemblablement les deux entrées latérales du chœur. Leur absence ne nous prive de rien d'essentiel. Nous sommes donc placés matériellement, pour en jouir, à peu près comme les fidèles l'étaient dans le meilleur temps.

Dès le premier pas, à droite et à gauche, des inscriptions, tissées dans la trame même des images, nous renseignent sur leur origine. Dans la partie droite de la *Mort de Marie*, nous lisons ces mots :

> Honorant Dieu et sa mère Marie
> L'an mil cinq cents assemblez avecq trente,
> Céans donna cette tapisserie
> Le prélat qui à genouilz se présente.
> Priez Jhesus et des cieulx la Régente
> Que, après sa mort, entre les bénédictz
> Son âme soit en clarté réfulgente
> Digne d'avoir l'éternel paradis.

Vous pouvez, d'ailleurs, chercher longtemps le
prélat à genoux : vous ne le trouverez pas céans.
Il n'y est pas. Il est plus loin, dans la *Nativité de
Notre-Seigneur*, tout contre la crèche, côte à côte
avec l'âne, mais moins familier avec Jésus, les
mains jointes, en chape richement brodée à ses
armes et avec sa croix pastorale. C'est Robert de
Lenoncourt, archevêque de Reims dès 1509, homme
libéral et magnifique, surnommé le Père du Peuple,
et dont « la charité, dit un biographe, ne demeura
pas oisive dans son église ». Ce sont ses armoiries,
croix dentelées de gueules, que nous voyons utili-
sées en motifs décoratifs, jusqu'à trois fois dans
chaque tapisserie, écartelées avec celles de l'église
de Reims et surmontées de la croix pastorale. Maintenant, pourquoi est-il là, où rien ne le désigne,
et n'est-il pas dans la *Mort de Marie*, où il est
désigné?

Nul ne le peut dire. C'est, là, une de ces inconsé-
quences nombreuses chez nos pères et qui mettent
en déroute la logique des archéologues. Supposez
qu'un accident, survenu à cette tapisserie, ait arraché une de ces figures : d'après ce texte, on aurait
fort bien soutenu et prouvé que la figure man-
quante était celle de Robert de Lenoncourt. Car un
texte, qui n'est jamais qu'une œuvre humaine,
c'est-à-dire soumise à toutes les erreurs ou les fantaisies de l'homme, jouit toujours d'un prestige
extraordinaire auprès des archéologues, et malgré
tant d'exemples propres à les éclairer. les savants,

n'ayant point de fantaisie, ne permettent pas à l'artiste d'en avoir.

Au fait, quel est cet artiste ? Tournons-nous vers la tapisserie d'en face, l'*Arbre de Jessé* : nous allons peut-être le savoir. C'est une curieuse vision que cet arbre de Jessé : des docteurs graves, barbus, coiffés de bonnets surprenants, ont grimpé dans un arbre, où ils se tiennent comme ils peuvent, empêtrés qu'ils sont dans des robes somptueuses, assis à califourchon, agitant des bâtons comme pour gauler des fruits invisibles, et si l'œil descend jusqu'au pied de l'arbre, pour voir où il prend racine, on s'aperçoit qu'il pèse, de tout son poids, sur la poitrine d'un vieillard endormi, à la barbe admirablement peignée, et semble ainsi le rêve d'un patriarche épris de postérité. C'est le triomphe de la passion nobiliaire. A l'époque où ce fut imaginé, il fallait, même à Dieu, une généalogie terrestre flatteuse, et tous ces rois de Judas, coiffés de la corne d'abondance de Dschem ou du chaperon de Charles VIII, décorés de chaînes d'or comme Ludovic le More, ou portant des crevés, à leurs manches, comme François Ier, quelques-uns cachant leur sceptre derrière leur dos ou le tenant renversé, pour témoigner que leurs règnes ont eu des malheurs, les David, les Salomon, les Roboam, les Abias, ne sont, là, groupés, que pour faire honneur à la Vierge, « la Vierge royalle », comme le dit l'inscription sous le patriarche endormi.

Or, si l'on regarde, avec attention, le plus désin-

volte d'entre eux, Aza, qui discourt en maniant son
sceptre comme une baguette d'escamoteur, on
aperçoit sur le bas de sa robe, en bordure, sous des
ramages d'un bleu pâle, ces lettres tissées en rose :
LE. MAIRE. INA. On admet, généralement, que
cet A est une erreur de l'ouvrier tapissier, qui
aurait dû mettre V, et il paraît qu'on a pu lire,
autrefois, quand la tapisserie était moins passée,
les lettres I O H, avant Lemaire, ce qui signifie
Johannès Lemaire invenit, ou *inventor*. La concep-
tion de l'œuvre serait donc due à un certain Jehan
Lemaire. Malheureusement Jehan Lemaire, Flamand fort connu à cette époque, était un écrivain
et un théologien, non un peintre. Il a peut-être
donné le thème de ces tapisseries, mais non dessiné
les cartons, auquel cas, d'ailleurs, il semble qu'on
eût mis, après son nom, *fecit*[1].

Ce thème n'est pas, au premier abord, très clair.

1. Ceci est l'opinion généralement admise. Mais M. de
Mély, auquel on doit tant de précieuses découvertes de
signatures de Primitifs et d'hypothèses hardies dans tous
les domaines de l'Histoire de l'Art, est d'un tout autre
avis. Pour lui, il n'y a pas, là, *IOH LEMAIRE INA*. Il y
a : *LEMAIRE INAE*, c'est-à-dire, mal écrit par les tapis-
siers coutumiers de véritables interversions de lettres :
IEAN. Quant à *IOH*, M. de Mély affirme qu'on n'a jamais,
en aucun temps, pu le lire sur la bordure, parce qu'il n'y
a pas place pour de semblables lettres. De plus, ce Lemaire était, selon M. de Mély, un artiste en même temps
qu'un homme de lettres, au moins un miniaturiste, et il
a pu donner les cartons de ces tapisseries. Cette hypo-
thèse ne modifie en rien les données de la présente analyse. Quel que soit l'artiste, ou le lettré, qui a composé
les cartons de ces tapisseries, il a été obligé de suivre

On a beaucoup dit, — c'est même devenu un lieu commun de l'histoire de l'art, — que la cathédrale était jadis le « livre du peuple ». Il faut croire que celui-ci l'a bien mal lu, ou bien mal retenu son enseignement, car où sont les gens, je dis parmi les fidèles et les plus habitués à séjourner dans les églises, qui comprennent quoi que ce soit aux « histoires » dictées et peut-être dessinées par Jehan Lemaire et tissées ici?

La première qu'on aperçoit en entrant, la *Mort de Marie* est, à la vérité, très intelligible, bien que la peinture ait cessé depuis longtemps de la représenter : c'est la pieuse fin d'une femme âgée, dans une riche chambre du xvᵉ siècle, sur un lit à baldaquin, et, dès que l'inscription est lue, on devine que les vieillards ici assemblés sont les douze Apôtres. Il y a quelque charme à ce calme départ d'une mère heureuse d'aller retrouver son fils. On comprend donc assez vite le sens profond de l'inscription, qui court sur la frise du motif architectural, au-dessus de la chambre de la Vierge : *Fulcite me floribus, stipate me malis quia amore langueo.* Car aujourd'hui, comme il y a quatre siècles, ce qui nous détache le plus de la vie est l'absence de ceux en qui nous espérions revivre et qui, au contraire, ne revivent plus qu'en nous. Ce premier épisode garde donc pour nous toute sa signification. Mais il

les injonctions des donateurs dans l'agencement général de ses tableaux, et au contraire il a donné libre carrière à ses fantaisies d'artiste dans le détail.

n'est pas le seul. Et que signifient les autres?

Voici, dans la *Sainte Famille* ou les *Trois Maries*, qui fait suite à la *Mort de la Vierge*, un couple élégant et singulier : tout au haut et à gauche, il sort d'un château et se promène dans un parc, le cavalier relevant le bout de son manteau entre le pouce et l'index de la main gauche, avec préciosité, montre de la droite, à la dame qui joint les mains d'extase, les armoiries fleurdelisées qui écussonnent un arbre. Il discourt penchant la tête vers elle et glissant l'œil vers les fleurs de lis : au loin, un paysage bleu, du bleu des faïences de Delft. C'est Faust et Marguerite, pensez-vous ; — point, c'est Penter et Hismerie, *Santa Hismeria*, dit l'inscription, tante de la Sainte Vierge et grand'mère de saint Jean-Baptiste, et qui s'en vont, de ce pas, adorer la *Sainte Famille.*

Notre perspicacité, mise en déroute dès cette première rencontre, se raffermit mal à la seconde. Ici, se déroule la *Fuite en Égypte* et nous sommes, d'abord, tout heureux de nous y retrouver, en reconnaissant la Vierge sur son âne, précédée par saint Joseph et cantonnée par quatre anges à pied, en dalmatique, tandis que cinq autres ouvrent la marche. Même l'épisode qui se passe derrière eux ne nous trouble pas : cet enfant mort à terre et cette mère qui se tord les mains, désolée, et cette autre qui défend son bébé contre les instances polies d'un chevalier chargé de l'égorger, c'est le massacre des Innocents. Mais, derrière tout cela, se déroule une série d'actions incompréhensibles. Des statues d'or, juchées sur des colonnes, croulent en morceaux, comme atteintes par un bombardement invisible ; un personnage considérable en robe somptueuse est descendu avec précaution d'une fenêtre, comme sur une sellette, par les mains d'une belle dame ; des gens armés envahissent un palais, et un jeune pèlerin se met à genoux devant un vieillard, tandis qu'un élégant damoiseau s'amuse à tirer de l'arc dans un bois.

Qu'est-ce que tout cela peut bien signifier ?

En mettant en commun leurs souvenirs, les dévots du Moyen âge parviennent encore à s'expliquer l'écroulement des statues. C'est une des plus jolies légendes des Apocryphes. Elle veut que, lors de la Fuite en Égypte, lorsque l'Enfant-Dieu passa devant les idoles, celles-ci se brisèrent en morceaux. *Commovebuntur simulacra Egipti*, — *Isaie*, 19, dit la prophétie inscrite au-dessus.

Et maintenant, que nous connaissons mieux les colosses ensablés dans le désert, leur émiettement, sous l'imperceptible souffle du nouveau-né divin, est un symbole peut-être plus frappant encore qu'au Moyen âge. Mais les autres sujets demeurent obscurs, et quand on nous dit ceci : l'un est le départ de Jacob, menacé par Esaü, tandis que celui-ci est à la chasse, l'autre est la fuite inglorieuse de David, descendu avec l'aide de sa femme Michol, par la fenêtre, tandis que les gens de Saül envahissent sa maison, nous ne sommes guère plus

vancés, car nous n'apercevons pas du tout ce
ue font, dans une *Fuite en Égypte*, tous ces
ntrus.

Notre désarroi est à son comble, lorsque, nous
ournant de l'autre côté, vers la *Naissance de la
Vierge*, nous apercevons un seigneur en robe de
hambre damassée, les épaules couvertes d'un
ollet d'hermine, serrant de près un ange qui a l'air
e le repousser et, de l'autre côté, ce même ange
lant au-dessus de ce même seigneur, avec le
ême collet, qui cette fois est monté sur un âne.
'ange fait tournoyer au-dessus de sa tête une
pée, cependant que d'autres anges perchent sur le
it de la Vierge, en agitant des encensoirs et que
chat de la maison, troublé de tout ce tintamarre,
coule dehors sans bruit. Il faut encore qu'on
ous explique ceci : ces deux scènes ne sont pas
uées, du tout, par les mêmes personnages. A gau-
he, c'est Jacob qui lutte avec l'ange et lui dit :
Je ne te lâcherai pas que tu ne m'aies béni! » A
roite, c'est Balaam, le sorcier, sur son ânesse, en
ute pour aller jeter des sorts à l'armée d'Israël et
ange qui l'empêche d'avancer. Enfin, si nous pour-
uivons jusqu'au *Mariage de la Vierge*, nous de-
eurons quinauds en voyant qu'un démon y figure,
u'il piétine six jouvenceaux et est en train d'en
almener un septième. Y a-t-il un visiteur sur dix,
en a-t-il un sur cent, qui s'avise de ceci : ce sont
es sept premiers maris de Sara, que le diable em-
orte, afin qu'elle puisse convoler, enfin, avec celui

que le Ciel lui destine et qui est Tobie ? Et toutes ces étrangetés à propos de la vie de la Vierge ! Il faut qu'il y ait, dans tout ceci, un monde d'intentions que nous ne soupçonnons pas....

Il y en a un, en effet, et quand on le sait, on tient la clef de tous ces mystères. Pour cela, il faut se rappeler que tout le Moyen âge a été dominé par l'idée de se rattacher au passé. Ce qui avait le plus de chances de durer, pour lui, c'est ce qui avait toujours été ; ce qui était le plus vrai, c'est ce qu'on avait toujours cru. De là, au point de vue religieux, une conséquence notable et qui le sépare fort de nous. Si rien ne nous préoccupe moins, aujourd'hui, que de rattacher le Nouveau Testament à l'Ancien, rien ne préoccupait plus les théologiens du Moyen âge. Que les actes de la vie de Jésus et de la Vierge aient été annoncés par les prophètes et « préfigurés » dans les temps bibliques par des gens à nez crochu et à barbe en pointe, c'est ce dont nul de nous ne s'inquiète. Mais cela inquiétait fort les docteurs à bonnet carré qui disputaient dans les Sorbonnes. Ils attachaient ainsi aux causes et aux origines du Christianisme tout l'intérêt que nous attachons à ses effets.

Lors donc qu'ils commandaient une image de la vie du Christ ou de la Vierge à un artiste, ils lui enjoignaient de montrer, à côté de la scène de l'Évangile, celles de la Bible qui avaient pu y ressembler, vaguement, la faire pressentir, ou, comme on dit, la « préfigurer ». La reine de Saba venant adorer Salomon préfigure les rois Mages aux pieds de l'Enfant Jésus; le Buisson ardent qui brûle sans se consumer et la toison de Gédéon qui reçoit la rosée sans être mouillée, ou qui est couverte de rosée quand l'aire ne l'est point, préfigurent la virginité merveilleuse de Marie. Ce n'est pas pour nous très évident, mais ce l'était pour eux et il suffit. De plus, il fallait faire, auprès de l'événement, le portrait des prophètes qui l'avaient annoncé.

Tout cela plaisait-il beaucoup à l'artiste? L'histoire ne le dit pas. Remarquons seulement ceci : chaque fois qu'il est libre, il se déleste de toute cette érudition apologétique et réduit son œuvre au motif purement humain et pittoresque. Mais, ici, visiblement, il n'était pas libre. L'homme d'Église qui faisait la commande ordonnait le sujet. Il fallait suivre sa dictée, laquelle n'était pas, elle-même, toujours très originale, car pour huit des scènes de *la Vie et Mort de la Vierge*, il paraît bien qu'il n'a fait que suivre les prescriptions de deux manuels d'iconographie chrétienne, illustrés, gravés sur bois, très connus au xvᵉ siècle : la *Bible des pauvres* et le *Speculum humanae salvationis*. C'est M. Émile Mâle qui l'a découvert, il y a déjà longtemps, et parfaitement établi dans son ouvrage sur l'*Art religieux au* xiiiᵉ *siècle*.

Or, ces guide-ânes des compositeurs de scènes

religieuses au Moyen âge sont très impératifs. Ils ne laissent à l'artiste, au point de vue du sujet proprement dit et de sa disposition générale, que fort peu de liberté. On y voit, par exemple, des choses comme ceci : lorsqu'on représente l'*Annonciation*, il convient de figurer, à gauche, Ève tentée par le serpent et, à droite, Gédéon recevant la toison des mains de l'ange, plus deux prophètes : David et Isaïe. Quand on figure le *Mariage de la Vierge*, il ne faut pas oublier les sept premiers maris de Sara enlevés par le diable et ses noces avec Tobie, ni non plus, le mariage de Rébecca avec Isaac. Une *Nativité* doit nécessairement être flanquée d'un Moïse cornu, se déchaussant devant le Buisson ardent et du grand prêtre Aaron, en extase devant le vieux bâton qui fleurit. Une *Présentation de la Vierge au Temple* ne doit pas contenir seulement la petite fille montant, toute seule, à l'âge de trois ans, les quinze marches extérieures, qui répondent aux quinze psaumes graduels, et conduisent à l'autel des holocaustes et le grand prêtre qui l'accueille ; il faut encore que cette scène, déjà peu claire pour nous, soit préfigurée par deux autres qui ne le sont pas du tout : une belle dame en grande toilette de brocart et d'hermine, discourt au bas d'un perron avec un grand prêtre et semble l'inviter à descendre : — et c'est la *Fille de Jephté*, — et des pêcheurs tirent leurs filets dans un bassin, sous les murs d'un palais Renaissance : — et c'est la pêche de la Table d'or qu'on va porter dans le

Temple du Soleil.... Or voilà précisément quelques-unes des actions incompréhensibles que contiennent les tapisseries de Reims.

N'éprouvons pas une confusion trop grande, si nous ne les avons pas comprises, tout d'abord. Le savant archiviste de Reims, auquel on doit le meilleur ouvrage d'ensemble qui ait été fait sur ces tapisseries, M. Loriquet, avait passé sa vie à les regarder sans les comprendre. C'est, peut-être, qu'il n'avait pas lu le *Speculum humanae salvationis*. Les ouailles de Robert de Lenoncourt l'avaient-elles toutes lu et comprenaient-elles toutes ces énigmes? Je n'en suis pas sûr. Que l'enseignement de la foi par l'art fût l'intention des patrons de l'Église, des chanoines qui commandaient la décoration, et des donateurs, M. Mâle l'a magistralement démontré et je le crois sans peine. Mais que le peuple ait jamais compris ce qu'on lui disait et qu'il l'ait retenu, c'est autre chose. Pour le prouver, on fait avancer, en bon ordre, quelques vers de Villon, toujours les mêmes, et l'on veut qu'ils contiennent la profession de foi des humbles durant cinq siècles. Mais ces vers ne prouvent qu'une chose, c'est que la mère de Villon, bien qu'illettrée, « povrette » et « ancienne », savait distinguer l'*Enfer* du *Paradis*, — ce que l'on sait encore fort bien aujourd'hui. Ils ne prouvent pas qu'elle aurait lu, ici, couramment, l'histoire des sept maris de Sara, de la toison de Gédéon, ou la pêche de la plaque d'or à offrir au Temple du Soleil.

Peut-être, aurait-elle reconnu mieux que nous l'ânesse de Balaam, à cause de la *Fête de l'Ane*, ou quelque autre drame biblique, parce que les acteurs des *Mystères* le jouaient sur les tréteaux. Mais cela prouverait alors en faveur du théâtre et non de la cathédrale, comme moyen d'instruction pour les illettrés. Si l'image avait été réellement le livre de ceux qui ne savaient pas lire, elle n'aurait pas contenu, en français et en latin, plus d'explications écrites qu'elle n'en a jamais contenu depuis. Si elle avait été alors comprise par la foule, nombre de légendes pieuses ne seraient pas sorties d'une fausse interprétation et d'un quiproquo des sujets figurés, comme on sait qu'elles le furent. Enfin, puisque la foule des fidèles n'a pas cessé d'aller à l'église, ni l'église de contenir ces sujets, les fidèles les connaîtraient aujourd'hui comme autrefois. La tradition n'ayant jamais été interrompue, rien ne se serait perdu. Il faut en rabattre. En réalité, il n'y a jamais eu d'autre « livre du peuple », autrefois comme aujourd'hui, que le théâtre. Les héros et les actions qui sont incarnés par des figures vivantes, devant la foule, sur la scène, entrent dans la mémoire populaire avec toutes les déformations que la légende ou l'auteur leur font subir : les autres sont comme s'ils n'étaient pas. Du jour où l'on a cessé de représenter, sur la scène, le *Sacrifice d'Abraham* ou la *Fille de Jephté*, le peuple n'y a plus rien compris à l'église. La statue, le bas-relief, le retable, ou le vitrail n'étaient que les répé-

liteurs qui redisaient la leçon enseignée sur les
tréteaux. Ce n'est pas la cathédrale qui a été le
« livre du peuple » : c'est l'Opéra.

L'Opéra, ou le cinématographe, ont d'autres
objets en vue, maintenant, qu'Anne et Joachim
chassés du Temple, ou David descendant par sa
fenêtre. Ils les auraient encore si ces histoires tou-
chaient profondément quelques fibres humaines en
nous. Mais elles ne les touchent pas, et c'est la
vraie raison de notre oubli. On reproche parfois au
catholicisme de n'avoir point assez répandu la
Bible, et l'on entend, par là, l'Ancien Testament.
Mais son effort pour le répandre a été immense :
ces tapisseries, comme les portails de nos cathédrales, en témoignent. Il a répété, à satiété, toutes
ces histoires de généalogies, de meurtres ou de
prodiges, auxquelles nous ne comprenons rien, et
qui ne préfigurent aucun de nos rêves modernes,
nos rêves d'Occidentaux en quête du progrès social.
L'Évangile, seul, les a « préfigurés », avec ses
images gracieuses ou touchantes de la Crèche, de
l'Adoration des Bergers, de la guérison des malades, des Saintes femmes en pleurs, de la Pietà,
des Béatitudes. Aussi ne les a-t-on pas oubliées.
Ce n'est pas l'enseignement de la Bible qui a
manqué à l'âme moderne, c'est l'âme moderne qui
s'est dérobée à cet enseignement, ou, du moins,
qui ne s'en est assimilé qu'une partie : tout ce qui
était assimilable. Le reste languit, froid, inutile,
dans la nécropole des théologies. Ces énigmes,

lorsqu'elles apparaissent figurées par un grand artiste, comme ici, piquent un instant notre curiosité, mais sans éveiller notre sympathie, et, dès que les érudits nous les expliquent, elles cessent de nous plaire.

CHAPITRE II

CE QU'ONT FAIT LES ARTISTES

Notre plaisir ou notre émotion grandissent, au contraire, à mesure que nous pénétrons mieux le détail pittoresque de l'œuvre. Or, celui-ci est infini. Voyez comme l'artiste a tiré parti, au point de vue décoratif, de toute cette complication apologétique, réduisant à leur plus simple expression les actions imposées qui le gênaient, et s'appliquant à en développer d'autres qui n'avaient rien à voir ici et pour leur pur agrément esthétique. Si, maintenant, vous lisez non plus les gloses des savants, mais ces images mêmes, vous trouverez que jamais l'art n'a fait meilleur marché du sujet, qu'à nulle époque la peinture religieuse n'a contenu tant de choses étrangères à la religion, et, en poussant plus avant l'analyse, que c'est peut-être à cela qu'elle doit d'avoir conservé son charme divers et universel.

Je parle de ces tapisseries de haute lisse, faites d'après des cartons composés tout exprès, comme s'il s'agissait de tableaux ou de fresques. C'est qu'en effet elles sont, en tout, semblables. On peut étudier, sur cette décoration murale, de laine, faite au XVIe siècle, toutes les caractéristiques de la peinture, du XVe. Même les procédés de modelé sont, autant que la matière différente le permet, identiques. Dès la première tenture à gauche, en entrant, la *Mort de la Vierge*, on en a la preuve. Il y a, là, les exemples les plus frappants qu'on puisse voir de décoloration du ton local par la lumière. La robe bleue de la Vierge est décolorée en blanc, la robe verte de l'Apôtre, qui tient la croix, est décolorée en jaune d'or; de même, celle de l'Apôtre qui gravit une marche, à gauche et, tout le long de ces tapisseries, vous verrez les lumières des feuilles vertes exprimées par du jaune d'or. Ce n'est pas du tout, là, une adaptation propre à la tapisserie : à cette époque, la peinture faisait de même. Il y a, aux *Uffizi*, une salle entière, la salle dite « de Michel-Ange », où toutes les lumières des plantes sont ainsi tissées d'or : c'est très sensible, par exemple, dans les herbes des premiers plans de Ghirlandajo, en son *Adoration des Rois*. Notre artiste, en composant ses cartons, n'a donc pas pensé tout spécialement au métier de l'interprète : il a pensé à tirer le meilleur parti esthétique de son sujet.

Pour cela, il a enfermé son sujet principal, la Vierge et les Saints, dans un cadre d'architecture, gracile et svelte, au milieu de sa composition. Sur le toit, il a donné un siège à Dieu le Père, ou aux anges qui forment une couronne surnaturelle à la société terrestre de Marie. Dans les coins d'en haut, à droite et à gauche, il a logé les deux scènes bibliques imposées par l'inventeur pour « préfigurer » la scène centrale et, au-dessous de ces deux scènes, dans les deux coins d'en bas, il a portraituré, en pied, les prophètes qui ont annoncé l'événement. Enfin, entre ces motifs qui lui étaient imposés, il a répandu des figures épisodiques, des feuillages, des bêtes, des plantes, des fleurs à foison : oliviers, chênes, palmiers, faisans, paons, canards, moutons, chiens barbets, chouettes, pigeons, mendiants, grues, perroquets, pages, suivantes puisant de l'eau, infirmes montrant leurs plaies, singes jouant avec leur chaîne, hérons gobant des reptiles, faucons planeurs, pigeons sur les créneaux, lavandières tordant leur linge, bergers emplissant leur gourde, coqs et poules picorant, béliers luttant, écureuils grimpant, œillets, roses, lis, fougères, fraises, potentilles. simples de toutes sortes, et parmi elles, lapins se frottant le museau, faisant leurs cent tours.

Tout cela court, vole, s'ébroue, jaillit, grimpe, plane ou foisonne, du haut en bas de la toile, sans se laisser arrêter par le frêle édifice qui encadre le sujet principal, va d'une scène à l'autre, du Nouveau Testament à l'Ancien et de la terre au ciel. On ne se lasse pas d'admirer la souplesse et la variété de cette mise en scène, dans un cadre toujours pareil, jamais identique, avec une symétrie parfaite de l'ensemble qui repose l'œil et une dissymétrie continuelle du détail qui l'amuse, chaque pilastre différant de son pendant, chaque chapiteau de son vis-à-vis, tout, jusqu'aux cartouches, aux bande-roles ou « rolets » suspendus des deux côtés pour porter les paroles saintes, s'équilibrant sans se ressembler.

De même, le peintre a merveilleusement tiré parti des couleurs mises à sa disposition : le rouge. le bleu, le jaune, le vert, le tanné et le brun rouge. Il a plaqué, au centre, un accord bleu, entouré de nombreux accords rouges et jaunes qu'avivent, partout, les accents verts des feuillages. Il n'y a qu'à se retourner vers les tapisseries de Pepersack, les *Noces de Cana*, ou *Jésus au milieu des Docteurs*, pour saisir à quel point l'homme du xve siècle, avec moins de couleurs, était plus coloriste que celui du xviie.

Or, rien de tout cela n'est dû au théologien, bien que les couleurs de certains costumes sacrés fussent prévus par les manuels : tout cela est dû à l'artiste. C'est le sujet officieux qui se glisse à côté du sujet ou plutôt de l'objet officiel, le senti à côté du voulu, ou ce qui est voulu par l'imaginatif après ce qui a été voulu par le pédant. « Ah ! il faut citer l'*Ecclésiaste* au Mariage de la Vierge et montrer un prophète qui dise : « *Unum de mille virum reperi*, j'ai trouvé un homme entre mille ! » Je vais en profiter pour témoigner aux âges à venir ce qu'est un vieux beau sous Louis XII ! » se dit sans doute notre homme. Car, si naïf qu'on le suppose, l'artiste, au commencement du xvie siècle, n'imaginait pas que l'auteur de l'*Ecclésiaste* fût coiffé comme Balthazar Castiglione. En portraiturant cet humaniste à la barbe frisée, tête à tête avec un perroquet, en détaillant sa toque rebrassée et son bicoquet, son collet d'hermine, ses manches à crevés, ses bottes rabattues et son manteau de cérémonie bordé et brodé de gemmes, il s'est diverti extraordinairement.

Visiblement, il y a deux volontés qui cheminent, ici, l'une près de l'autre, très différentes, souvent contradictoires. Le chanoine a voulu faire œuvre d'instruction et d'éducation, et suivre, le mieux possible, les indications de la *Bible des Pauvres* ou du *Miroir*. L'artiste, lui, a voulu réjouir les yeux par la multiplicité des spectacles, attirer dans ce cadre tout ce qu'il trouvait de beau dans la nature, faire étalage de sa virtuosité picturale, que cela cadrât, ou non, avec l'histoire. Le chanoine ne s'était guère avisé, et peut-être n'était-il pas toujours enchanté, de ces fantaisies qui nous enchantent. C'est bien lui qui a dicté la *Rencontre de saint Joachim et de sainte Anne à la Porte d'Or* de Jérusalem : d'un côté, l'ange avertit saint Joachim de quitter ses troupeaux et de rentrer dans le monde, de l'autre, il enjoint à sainte Anne, d'abandonner ses lectures pieuses, parce que son veuvage va finir, et de s'en aller à cette même porte, où l'attend sa divine destinée. Mais ce n'est pas lui qui a imaginé l'élégant donjon à pont-levis, et la rue en perspective, les Amours courant sur la frise, comme échappés des cheminées d'Urbino, les têtes curieuses aux lucarnes, les poules picorant, le coq triomphant, les canards nageant, la grue marchant à pas comptés, l'écureuil grimpant à l'arbre, le chien lapant l'eau du fossé, le berger y descendant sa gourde, la lavandière y tordant son linge, ni le faisan, ni le paon, ni le lapin, sous les fougères, ni toute cette somptueuse défroque de chapes, de manteaux et de bonnets. C'est lui qui a dicté les trois actions principales dans la *Présentation de la Vierge enfant au Temple*, mais non les robes de « beau maintien », les escoffions, les templettes et les manches à crevés bouffants, de l'éblouissant cortège féminin. Il a bien donné, dans les *Perfections de la Vierge*, le texte *Fons hortorum*, mais non prévu la délicieuse vasque d'or qui s'arrondit, ni les filets d'eau qui descendent des flûtes maniées par les petits Amours.

Ainsi, lorsqu'on a trouvé, dans chacune de ces images, le texte sacré d'où l'artiste a tiré son sujet, on n'a pas trouvé, du tout, ce qui leur donne leur aspect particulier. Pour le trouver, il faut les regarder avec des yeux d'ignorant, non d'archéologue, en les confrontant, non plus avec l'histoire ou la théologie, mais avec la nature et la vie. Alors, on voit tout de suite ce qui fait le charme de ces images : c'est leur fantaisie. Otez à ces dames leurs costumes anachroniques, leurs toilettes du xv\u0065 siècle, et drapez-les à l'antique, comme l'eussent fait Le Sueur et Poussin ; fauchez toutes ces fleurs et ces feuillages du premier plan ; frappez dans vos mains et faites envoler tous ces oiseaux ; chassez tous ces gens et toutes ces bêtes qui n'ont rien à faire ici ; mettez de l'ordre dans ces moutons ; rendez aux trésors des églises les dalmatiques dont les anges se sont indûment affublés et enseignez-leur plus de simplicité dans leurs parures aviatrices ; réduisez, en un mot, les acteurs aux rôles prévus par les livres saints en leur défendant de chercher des « effets » à contresens, et le décor aux indications du metteur en scène, — et vous n'aurez touché, en quoi que ce soit, aux instructions de la *Bible des pauvres* ou du *Speculum humanae salvationis*, — vous les aurez mieux suivies, au contraire, — et tout le charme de ceci aura disparu.

Il tient donc à tout autre chose, et cette autre chose peut se résumer en un seul mot : la *disparité*.

D'abord, disparité dans les styles. Chaque tableau offre le plus bel exemple de la « confusion des genres, » ou, si l'on veut, de la réunion des genres. Aujourd'hui, on distingue ceux-ci très nettement, et, dans les comptes rendus, on voit les tableaux des *Salons* répartis en « peinture d'histoire, tableaux de genre, paysages, art décoratif, art religieux, scènes humoristiques, portraits, natures mortes. » Sous quelle rubrique, un salonnier rendrait-il compte de ces quatorze scènes de *la Vie et Mort de la Vierge?* Sous celle de la « Peinture religieuse », c'est entendu, à cause de son sujet officiel, mais jamais composition ne fut moins spécifiquement et uniquement dévote. Considérez le cortège de dames, en grande toilette, qui ont ouï parler de la *Présentation de la Vierge enfant au Temple* et ne veulent pas manquer le spectacle : c'est un défilé mondain des dernières « créations » des couturiers à la mode : les *templettes* à turban enrubanné, les corsages échancrés carrément, assez bas, avec la gorgerette de « doulx-fillet », les larges manches, dites à la grand'garre, tout un luxe féminin qui s'émancipe, petit à petit, de la tutelle d'Anne de Bretagne, tandis que le luxe des hommes s'est, déjà, tout à fait émancipé et que nous voyons, de l'autre côté de l'escalier, un seigneur arborer, déjà, la toque plate, à brillants, de François Ier. On y voit même, sur une petite fille, la dernière « création » de Beatrice d'Este. Cette gamine, que nous retrouvons sept fois dans ces quatorze compositions, toujours conduite par la main, se faufilant au milieu des grandes personnes pour mieux voir la scène, est toujours coiffée et habillée à l'italienne. D'où vient-elle ? Que fait-elle ? On dirait une de ces poupées envoyées en France par les grandes dames de Mantoue, de Milan ou de Ferrare pour y propager les modes nouvelles d'outre-monts…. Enfin, dans un coin, nous voyons un vieux beau commodément installé pour ne pas perdre un coup d'œil du cortège et qui en désigne les attractions du bout du doigt. C'est une « scène de genre », traitée par un portraitiste mondain.

C'est peut-être, aussi, une collection de portraits, et non pas de portraits honteux, dissimulés sous des habits d'emprunt et dans une action biblique, mais de portraits campés en pied, séparés de la foule, exactement tels qu'on les fait aujourd'hui pour le *Salon*. Voyez, dans les *Trois Maries*, le docteur en bonnet carré, qui discourt à notre gauche : n'est-ce pas évidemment un portrait, et criant de ressemblance, je veux dire : de dissemblance et de particularité? Il y a quelque vingt ans, on fut un peu choqué de voir un peintre introduire M. Renan, simple spectateur, dans une scène de l'Évangile. Ce docteur était, sans doute, aussi reconnaissable pour ses contemporains que pour nous M. Renan, — auquel il ressemble quelque peu, par aventure. Le peintre l'a mis pourtant aux pieds de la Vierge, derrière Marie Jacobé. On l'aurait beaucoup surpris en le blâmant. C'est qu'on n'avait, alors, aucune idée de la « division des genres ».

De même, saisit-il toutes les occasions pour retracer les scènes de la vie populaire et les caractériser jusqu'à la caricature. Comme les mendiants venaient autour du Temple, il en met trois dans sa *Présentation de Notre-Seigneur*, qui sont des études très poussées des infirmités humaines. Nous avons, là, sous prétexte de peinture religieuse, un croquis digne de Breughel ou de Callot. Et comme le prophète Malachie, qui se tient là, pour dire : *veniet ad Templum...*, nous montre une trogne extraordinaire, on pourrait découper, dans cette tapisserie, tout un tableau réaliste et profane au plus haut point. Parfois, cela va jusqu'à l'humour, et les deux bergers qui retournent la tête dans la *Nativité*, près des armoiries de l'archevêque, sont de véritables « charges ». Le caricaturiste du xvᵉ siècle n'a pas besoin, comme aujourd'hui, d'une exposition des humoristes pour se faire connaître : il lui suffit d'un tableau de piété.

Cela suffit, aussi, à l' « animalier » du xvᵉ siècle. C'est toute une ménagerie qui est répandue dans les premiers plans et sur les architectures. Chaque bête est étudiée à part, dans ses caractères spécifiques, saisi dans son mouvement le plus révélateur : l'écureuil quand il grimpe, la chèvre quand elle se suspend au cytise, la poule quand elle picore, la grue ou le héron quand ils s'en vont, sur leurs échasses, chasser aux vermisseaux. Ces études d'après nature qui, plus tard, seront mises à part, dans des cadres, pour divertir les amis des bêtes et les chasseurs, sont introduites, un peu par fraude, là où le peintre l'a pu : près du Bon Dieu.

Ses études botaniques, de même. C'est peu de dire de l'artiste, à cette époque, qu'il fait du paysage, et c'est trop : — il fait de la botanique. Vous reconnaissez facilement chacune des plantes et des fleurs qu'il a détaillées au premier plan. Chacune est considérée à part comme posant pour son portrait : ce sont des monographies de fleurs. Rien de si précis, de si exact ou de si scientifique n'a paru, depuis lors, dans nos premiers plans de paysage.

Et ce détail, aussi, contribue grandement à l'aspect décoratif de ces tapisseries. Je dis qu'il y contribue et non pas qu'il a été choisi délibérément pour y contribuer. Vous trouverez cette même insistance analytique, ce nombre et cette variété de plantes jaillies au premier plan et étudiées une à une dans presque toutes les œuvres fameuses des maîtres d'alors. Il y a moins de variétés de fleurs et de plantes dans toutes les bordures de tapisseries réunies, ici, que dans le seul premier plan de la *Nativité* de Fiorenzo di Lorenzo, à Pérouse.

Pareillement, ces architectures bien régulières et symétriques, le toit de la crèche dans la *Nativité* et les *Rois Mages* sont d'un excellent effet ornemental. Mais on les retrouve dans tous les tableaux de cette époque. On ne voit, nulle part, que l'artiste, ayant pu donner, par la tapisserie, l'illusion d'un tableau, s'en soit privé.

Non seulement cet artiste n'évite pas la confusion des genres et des styles, mais il s'y complaît manifestement. Toujours la chose vue se juxtapose, chez lui, à la chose imaginée. Il habille le fantastique avec le réel : l'ange avec la dalmatique, Dieu le père avec la couronne impériale, et rien n'est plus précis que l'inventaire de l'intérieur bourgeois où il reçoit les anges de l'*Annonciation*. Il fait le procès-verbal de l'impossible. De là, une saveur et une suggestion toujours piquantes. Cette juxtaposition continuelle du détail vrai servilement reproduit et de la fantaisie rêvée sauve les compositions primitives de toute monotonie.

Toutefois, cette disparité des styles, si elle est la plus apparente, n'est pas la seule, ni la plus importante. Un artiste, de nos jours, qui voudrait confondre ainsi les genres dans un même tableau et y être, dans un coin, humoriste, dans l'autre dévot, dans l'autre épique et plus loin réaliste, le pourrait sans nécessairement atteindre au caractère singulier de ceci. Pourquoi? C'est que partout, d'un bout à l'autre, il apporterait une science égale, plus ou moins grande, du dessin, de l'attitude et une connaissance égale de l'objet. C'est à quoi de longs siècles de maîtres et d'exemples ét de recettes l'ont habilité. Ce n'est pas, là, le fait de notre peintre. Il y a des choses qu'il sait très bien faire dès longtemps et il y en a d'autres qu'il apprend seulement; il y a des gestes où il est désinvolte et d'autres où il est gauche; il y a des sortes d'hommes ou de bêtes, des espèces ou des âges où il est expérimenté et d'autres où il est novice, des essences d'arbres qu'il connaît et d'autres qu'il ignore, des lignes qu'il sait mettre en perspective, et d'autres où il hésite encore et fléchit.

Par exemple, lorsqu'il met une figure en action, tout geste purement impulsif, démonstratif ou sentimental est gauche, incertain, inexpressif. Les vingt-huit prophètes, ou docteurs, qui se tiennent dans les coins de ses compositions, s'ingénient vainement à prendre des attitudes révélatrices. Ils ne savent que faire de leurs mains, et les plus expressifs d'entre eux ne parviennent qu'au geste du montreur de phénomènes, à la porte d'une baraque, qui invite à entrer. Dieu n'est pas certes apparu dans le *Buisson ardent* à Moïse pour le même objet que, dans l'Arbre de la Science du bien et du mal, à Ève après sa faute : pourtant ses deux gestes, interchangeables, ont aussi peu de signification l'un que l'autre. La Fille de Jephté, arrivant au Temple, semble prononcer une allocution. De même, les soldats venus pour massacrer les innocents. Quand l'action est rapide, l'impropriété du geste est flagrante. Jacob et l'Ange n'ont nullement l'air de lutter. David, descendant de sa fenêtre, n'a nullement l'air de fuir. Dans *Joachim et Anne chassés du Temple*, on ne voit point du tout, par le geste du grand prêtre, qu'il les chasse, ni par les leurs, qu'ils soient chassés. En revanche, les deux mendiants qui tendent leur sébile se font admirablement comprendre, et leur geste est très propre a remplir son objet. C'est qu'alors il ne s'agit plus d'une action impulsive, ou sentimentale, mais d'un mouvement commandé par une nécessité définie, et un mouvement souvent répété, par conséquent facile à observer.

Aussi, tout geste professionnel, qui tend à une opération concrète et définie, sur un objet, tout « geste de métier » est-il très bien rendu. La femme qui puise de l'eau, dans la *Nativité de la Vierge*, tient son seau exactement comme il faut le tenir pour le remplir à un robinet. Le saint Joseph, qui menuise dans l'*Annonciation*, lève son maillet et arc-boute son genou comme il faut pour enfoncer son coin dans le bois solidement maintenu. La lavandière, qui lave son linge dans le fossé de la *Porte d'Or*, le tord réellement assez pour qu'il s'égoutte. Le mendiant, qui tend sa sébile à *Joachim chassé du Temple*, est certainement un professionnel. A côté de ces gestes, qu'on peut appeler « de métier », la femme qui fouille le coffre à linge et celle qui, du bout des doigts, tâte l'eau dans la *Nativité de la Vierge*, et aussi le Moïse qui se déchausse et le saint Joseph qui protège, de la main, la flamme de sa chandelle, dans la *Nativité de Notre-Seigneur*, font des gestes effectifs et qu'on a l'occasion souvent d'observer : aussi sont-ils tous attrapés avec justesse et rendus avec humour. Ceci n'est point particulier à l'artiste. C'est une caractéristique des Primitifs et de tous ceux qui les ont suivis jusqu'au XVIᵉ siècle. Il n'y a pas d'exemple, avant Raphaël, qu'un geste de métier soit manqué. Nous en avons encore un exemple frappant, un siècle avant cette tapisserie, dans celle du *Roi Clovis :* ce sont les gestes des soldats se servant de leurs armes.

C'est un étrange salmigondis, à première vue, que la tapisserie longue de huit mètres et demi, haute de la moitié environ, qui représente *comment le fort roy Clovis fu couronné, comment prist la*

Cité de Soissons. Il semble qu'on ait mis, dans un sac, des têtes, des casques, des bras, des maisons, des tours, des créneaux, des mâchicoulis, des pièces d'armures, des draperies, des tiares, des coutelas, des toits, des broderies, des arbalètes, des arcs et toutes sortes de choses cornues et pointues, qu'on ait secoué le tout longuement et le tout répandu sur un tapis. Mais l'imbroglio n'est qu'apparent. Étudions-le, un instant, en partant de la dernière figure à notre droite et en revenant, pas à pas, sur notre gauche. Tout se débrouille : il y a même un certain ordre de bataille. A n'en pas douter, une armée rangée sous l'étendard vermeil aux trois crapauds, qui désigne les Francs, s'avance de gauche à droite, repoussant devant elle un lot d'adversaires. En avant, marchent des fantassins, maniant des armes d'hast, ce sont les gens du corps à corps : l'un d'eux, cuirassé d'extraordinaires épaulières d'or rouge, à têtes de lion, et de genouillères cornues, charge comme à la baïonnette, mais avec un fauchart ou plutôt avec un « vouge », emmanché d'une rondelle d'arrêt ; l'autre, à cuirasse bleue et à manches et chausses rouges, coiffé d'un surprenant casque à mèche, décharge un terrible coup de maillet d'armes sur un nègre qui s'en va. Au-dessus, dans l'intérieur de la ville, on se bat également corps à corps : épée, coutelas ou maillet d'armes ; le roi Clovis, lui-même, s'y emploie terriblement.

Derrière ce corps à corps, se tiennent les gens

qui se battent à distance, les archers de l'infanterie légère et chacun d'eux représente un temps différent du tir. Le premier ajuste sa flèche et va tirer : c'est l'archer barbu, au justaucorps rouge et coiffé d'un casque pyramidal où s'ébahit en poupée une petite tête de nègre ; l'autre vient à peine de tirer : son œil suit le vol de sa flèche, et toute sa machine musculaire demeurant figée dans cette attention, les doigts de sa main droite ont conservé la flexion prise au moment du débandement ; un troisième, en dessous, justaucorps bleu, manches rouges, a tiré depuis plus de temps : son bras droit a terminé en l'air le mouvement de recul et il considère avec un peu de dégoût, à ses pieds, le résultat de son tir : un ennemi transpercé par sa flèche, gisant à terre, les yeux morts, un filet de sang ruisselant des lèvres : cette fantasmagorie contient des détails d'un réalisme horrible.

Derrière les archers, voici les gens qui tuent à plus de distance encore : les arbalétriers, l'infanterie lourde. Là, encore, chaque temps du tir a été noté par l'artiste. Au bord du tableau, en voici un, la flèche entre les dents, en train de tendre une arbalète à tour ; pour cela, l'arc renversé est fiché en terre ; il a passé le pied gauche dans l'étrier qui est à la tête du fût (mangé par la bordure) et il tourne la manivelle, des deux mains, pour amener la corde jusqu'au saillant, la noix, qui la retiendra tendue. Derrière lui, un camarade, sa corde étant déjà tendue, se dispose à fixer son carreau dans la rainure de l'arbrier. Son arme est moins savante : c'est une arbalète simple, munie de son étrier; on voit pendre à sa ceinture le pied-de-biche qui a servi à la tendre. En avant, à l'abri d'un immense pavois, tenu debout par un camarade, l'autre arbalétrier, tenant son arme toute garnie, s'avance sur la pointe du pied comme pour faire une farce : il va viser. Tous ces gestes de métier sont d'une propriété qui témoigne de leur justesse, et je doute que, dans toute la galerie des Batailles, à Versailles, il y ait un seul tableau nous donnant sur la manière de charger et de décharger une arme, des renseignements aussi précis et aussi complets.

Là, au contraire, où manque le « geste de métier », aucune attitude n'est plus significative. C'est ce qui arrive dans l'admirable tapisserie *Marie dans le Temple*, où vous lisez ces vers tissés entre le héron, le gerfaut, les licornes et l'hermine :

> Marie vierge chaste de mer estoille,
> Porte du ciel, comme soleil eslue,
> Puis de vive eaue, ainsy que lune belle,
> Tour de David, lis de noble value,
> Cité de Dieu, clair miroir non pollue,
> Cèdre exalté, distillante fontaine
> En ung jardin fermée, est résolue
> De besongnier, et si de grâce pleine.

Une seule figure, ici, fait un geste de métier : c'est la Vierge elle-même, et c'est le geste du tapissier. Assise devant une chaîne de basse lisse, sa main gauche va passer la laine entre les fils, et sa droite tient le peigne, ou plutôt le couteau de bois qui la tassera. Derrière elle, une nichée d'anges ; devant elle, des prophètes ; au-dessus d'elle, Dieu le Père, ne font que des gestes vagues d'admiration, d'adoration ou de bénédiction. Les licornes, dressées sur leur train de derrière, ont une attitude aussi parlante que les deux prophètes ; les perroquets et les faucons sur le bord des fontaines jouent un rôle aussi précis que les anges : un rôle purement décoratif. La *Légende dorée* nous dit que la Vierge, élevée dans le Temple, « croissait tous les jours en sainteté, visitée par les anges et admise à la vision divine, qu'elle s'était imposé pour règle de rester en prière depuis le matin jusqu'à la troisième heure, et ensuite de la troisième à la neuvième, de tisser de la laine, après quoi elle se remettait en prière, jusqu'au moment où un ange venait lui apporter sa nourriture. » Nous le voyons ici, mais nous voyons surtout autre chose. Nous voyons un paysage décoratif, une fête ordonnée pour le plaisir des yeux. L'artiste a supprimé le temple, ou l'a réduit aux deux colonnes ornementales qui lui étaient nécessaires pour tendre sa tapisserie et pour supporter les armoiries inévitables de Monseigneur. Et, profitant de ce qu'un des emblèmes de la Vierge est l'*ortus conclusus,* au lieu de la mettre dans le Temple, il l'a mise dans un jardin. C'est le jardin selon le cœur du Moyen âge, le jardin d'Albert le Grand, de Jean de Garlande, du *Roman de la Rose,* bien clos, à l'abri des incursions du dehors, régulier, en contraste avec l'irrégularité de la nature, ordonné contre tout désordre, riche de tout ce qu'on connaissait alors de plantes, même exotiques:

De chaque emblème des *Perfections de Marie*, l'artiste a fait un motif décoratif : *Fons hortorum* est devenu le motif d'une fontaine précieusement ciselée; *oliva speciosa*, d'un grand arbre ; *turris David*, d'un château fort; *puteus aquarum vivencium*, d'un puits ornemental; *porta celi*, d'un donjon ; De *lilium inter spinas* il a fait jaillir une touffe de lis, de *Plantacio rose*, une touffe de roses, et, ainsi, chacune des perfections de la Vierge, indiquée par le théologien, se trouve transposée, par l'artiste, en une beauté nouvelle dans le paysage.

A l'inverse, comme toute impression sensorielle se résout chez nous en un sentiment, même cette fantaisie purement pittoresque dépose dans notre souvenir une impression morale. C'est celle d'une vie paisible dans de beaux paysages. L'homme chemine de la naissance à la mort, entouré de prodiges, protégé et guidé par les puissances célestes. Il n'est plus seul en face de la fatalité, nu devant la nature adverse et formidable, comme aux premiers âges, lorsqu'il y avait, entre lui et les êtres du ciel, tant d' « anneaux manquants ». Dieu est moins haut, la bête est moins hostile : il vit tout près de l'un et de l'autre, dans un échange continuel de services et de figurations. Les dieux, ou plutôt les Saints, qui ont remplacé les dieux, ne sont plus des forces de la nature, mais des Vertus et des Mérites, des êtres de chair et de sang nés de la femme, qui ont souffert ce que nous souffrons. La nature tout entière est hospitalière. Entre les colères du ciel et nous, les anges tendent le voile de leurs ailes; sur le rocher et la masse géologique du globe, les plantes tissent l'éclatante trame de leurs feuilles et de leurs fleurs et voici que le paysage idéal, le « jardin secret », est fait de toutes les Perfections de la Vierge.

Aussi bien, cette vie idéale, cette *Histoire de la Vie et Mort de la Vierge* n'est-elle pas autre chose que l'apothéose de la Femme, le triomphe de la pureté et de la faiblesse. C'est l'humanité, enfin délivrée de ses obscurs instincts animaux et soustraite au règne de la violence. Il ne s'agit pas, ici, de conquérir le monde, de dompter des forces naturelles, d'être un « surhomme », mais d'échapper à toute souillure, de demeurer le maître de son âme, de se rattacher à la communion des saints, passés et à venir, par l'obéissance à la loi d'en haut, afin de vivre heureux dans l'émerveillement de la nature d'en bas. Aucune recherche de progrès, point d'ambition, partant point d'inquiétude, nulle poursuite de ce qui sera, mais la jouissance de ce qui est et le souvenir de ce qui a été. Le bonheur depuis longtemps préfiguré, des images un peu obscures de l'avenir: le buisson qui brûle sans se consumer, la verge qui fleurit, et puis, la tache originelle étant enfin effacée, la flamme des premières convoitises

et des premières violences étant éteinte, l'avène-
ment de la Femme dans la Paix et dans la lumière :
— voilà ce que ces images insinuaient dans les âmes,
il y a quatre cents ans. Cela paraissait bien loin de
la vie réelle alors. En sommes-nous beaucoup plus
près aujourd'hui ?

Mai 1915.

LES RUINES

Ce mot de « ruines », quand on le prononçait avant la grande coupure historisque de 1914, évoquait des choses patinées par le temps, sanctifiées par le respect, témoins de générations disparues. C'étaient des visages d'aïeules qu'on n'avait jamais connues jeunes et à qui l'on n'imaginait pas une autre beauté. Les cicatrices paraissaient des rides, les brèches, dans les longues lignes architecturales, des élégances. De l'herbe, montée peu à peu, noyait les décombres, des feuilles s'abaissaient sur les mains mutilées des statues. La mousse y jetait sa fourrure verte, le lichen son voile doré. Les surplombs des sommets, entraînés, jour à jour, par les intempéries ou l'action dissolvante des racines, étant peu à peu tombés, les masses avaient pris, insensiblement, une forme pyramidale, la plus stable de toutes, et, ainsi, n'avaient plus l'air de choses détruites, mais bien de choses bâties telles quelles « pour le plaisir des yeux ». D'ailleurs, une vie nouvelle y était née, de tous les germes apportés par l'oiseau ou le vent qui passe, et y croissait sous la protection des vieilles pierres encore capables de ce service, et, pourvu que les archéologues ne vinssent pas trop les gratter, rien n'y évoquait l'idée de la mort.

Mais des ruines d'hier, des « ruines neuves », on ne savait ce que c'était ce que ce pouvait être — hors des pays à tremblements de terre! Des villes mises à sac, des palais en flammes, des maisons éventrées, le brasier où tombent des trésors d'églises, où se calcinent les statues, où fondent les plombs, les bronzes, les orfèvreries, les tentures précieuses; des cathédrales illuminées intérieurement, comme par un feu d'enfer; les torsades des fumées d'incendie qui montent, la terre qui change la couleur du Ciel, c'était là des spectacles néroniens qu'on ne pouvait situer que dans le Passé! Peut-être quelques dilettantes, moralement pervertis, comme il y en a toujours aux époques de civilisation raffinée, regrettaient-ils de vivre à une époque où l'on ne pût rien espérer connaître des émotions des temps barbares. Quand les artistes voulaient les représenter, quand ils tâchaient de figurer, par exemple, le tableau évoqué par Olivier de la Marche, racontant le siège de Dinant, en 1465 : « Et le comte de Charolois et ses gens entrèrent dedans la vile comme maîstres et seigneurs et fut la vile pillée de toutes pars et puis fut mis le feu dedans : et fut brûlé Dinand par telle façon qu'il semblait qu'il y eut cent ans que la ville était en ruine », — ils faisaient des efforts inouïs d'imagination. Aujourd'hui, ils n'ont plus besoin d'imaginer, de surexciter artificiellement leur verve, de fermer les yeux, — mais de les ouvrir. Des ruines toutes chaudes, des ruines comme celles que les Vandales ou les Huns ont pu faire après eux, des ruines comme celles de Dinant en 1465, en voici.

Ce qui frappe, d'abord, dans les aquarelles de la guerre, de M. Duvent, de M. Flameng, de M. Vignal, c'est leur allure de procès-verbal. On sent fort bien que l'artiste n'a nullement cherché à se « monter la tête ». Il a cherché, au contraire, — devant un spectacle d'horreur qu'il ne pensait voir de sa vie, — à garder tout son sang-froid, à dompter ses nerfs, à fermer, pour ainsi dire, les pores de sa sensibilité. Quand Gustave Doré, quand Victor Hugo, dans leurs étonnants dessins, fabriquent des « ruines », ils mettent l'accent sur l'horreur et sur la désolation. Ici, l'accent n'est pas mis, la voix n'est pas enflée : elle raconte, d'un ton égal, la lamentable histoire. C'est dans les temps de calme et de bonheur qu'on aiguise ses facultés de sentir, c'est-à-dire de souffrir. De même, c'est quand le « motif » est banal, qu'on se livre à des tentatives de technique hasardeuse, pour le renouveler. Quand le drame est là, pesant sur toutes nos fibres à les briser, on chercherait plutôt le secret de l'insensibilité pour « tenir ». Quand le « motif » d'horreur se présente dans la vie, il ne s'agit pas de l'accentuer, ni de l'enrichir d'une technique imprévue. Il suffit de le rendre.

CHAPITRE I

YPRES ET LES FLANDRES

Et ils l'ont rendu. Regardons, par exemple, l'aquarelle de M. Duvent : *Ypres sous les obus.* Nous avons sous les yeux la réalité des vieilles chroniques. Des Halles d'Ypres, qui furent le Palais du Drap, la Cathédrale des libertés publiques depuis le xɪɪɪᵉ siècle, quelque chose, à la fois, comme le Palais de l'*Arte della Lana* et le Palais Vieux, à Florence, — il ne reste plus que quelques aiguilles, les tourelles isolées des toits qu'elles flanquaient, et une masse ruineuse, dont le découpage semble emprunté à une eau-forte de Victor Hugo. L'aiguille, qui pointe sur cette masse, est une des quatre tourelles d'angles qui cantonnaient le beffroi ; les deux autres, posées comme en poivrières, marquent les deux extrémités de cet immense vaisseau de 138 mètres de long, troué de 96 fenêtres, qui fut la Halle d'Ypres.

Derrière, à droite, on voit ce qui subsiste du clocher carré de la cathédrale Saint-Martin. La petite aiguille, qui pointe tout auprès, est un des deux clochetons qui jaillissaient à droite et à

gauche du transept. Un bout de galerie ajourée
court encore au-dessus des ogives, ouvertes maintenant sur le vide. Entre ces deux aiguilles, cette
basse masure trouée, couleur de sang, est tout ce
qui reste de l'Hôtel de Ville, le *Nieuwerk*, Renaissance, à toit hollandais, bâti au xviie siècle, qui
était accolé, plaqué aux Halles, pour le grand
scandale de ceux qui aiment l'unité des styles.
L'obus prussien a réparé cette « erreur ». Les hauts
murs sanglants, avec quelques pignons demeurés
en l'air, dans le coin à droite, c'est la grande nef dè
cette cathédrale Saint-Martin du xiiie et du xve siècle,
fameuse par ses stalles et ses bois sculptés. Et,
sous ce ciel traversé de nuées sombres, au-dessus
de ces flaques de pluie où les flèches de pierre
enfoncent leurs reflets, la grande Halle, privée de
son faîte, aplatie à terre et soulevée encore lour-
dement par ses colonnades, ressemble — on l'a dit,
et la comparaison est exacte — au fantôme du
Palais des Doges.

La comparaison est plus juste et va plus loin
qu'on ne croit si l'on songe à leur sens historique.
Ce qui s'est écroulé là, c'est le plus grand monument, peut-être, de la Bourgeoisie et de l'oli-
garchie patronale au Moyen âge. Les drapiers qui
s'y rencontraient ressemblaient, en plus d'un point,
aux seigneurs qui s'assemblaient dans la *sala dei
Pregadi* : par leur génie commercial, par leur
exclusivisme, par leur esprit d'entreprise. Ce n'est
pas le Roi, ni l'Église qu'exaltait ce Beffroi de

70 mètres de haut, commencé pourtant dans les premières années du xiiie siècle, en 1201, et entièrement achevé en 1380 : c'était le Capital. C'était le clocher laïque et municipal, où sonna, pendant des siècles, la cloche des patrons appelant au travail et au repos les multitudes ouvrières. Placé au bord du continent consommateur de drap, en face de l'Angleterre, productrice de laine, c'était aussi le phare vers où se portaient les regards de toute l'Europe, pour un des besoins primordiaux de l'homme : se vêtir. 87 000 marques de plomb désignaient, chaque année, les pièces de drap sorties des halles d'Ypres et expédiées par le monde. Plus que du Palais des Doges, son histoire rejoignait l'histoire de notre temps. Car c'est là, que s'était posée pour la première fois, en plein Moyen âge, la « question ouvrière » sous la forme même qu'elle prend aujourd'hui, là, que les « Drapiers », patrons du temps, virent déferler la foule hâve et menaçante des tisserands, des foulons et des teinturiers. C'est de là que partirent les revendications populaires, qui secouèrent les foules jusqu'à Amiens, jusqu'à Paris, jusqu'à Rouen. Les révoltes de 1359 à 1379, presque continuelles sous les formes antidynastiques habituelles à l'époque, étaient des rêves de communisme ouvrier.

Ces Halles avaient vu passer, aussi, la grande guerre. Maintes fois, le flot de l'invasion avait battu leurs murs. Ypres était, avec Bruges et Gand, une des *Trois villes* du Nord qui commandaient

toutes les plaines. La possession en était disputée
par tous les voisins.

Lors du siège fameux de 1383, elle avait résisté
à l'assaut de vingt mille Gantois appuyés par toute
une armée anglaise, l'armée de l'évêque de Nor-
wich. Il faut lire, dans notre Froissart, le récit de
ces jours terribles, pour imaginer le spectacle
dont ce vieux Beffroi avait été témoin : « Et vous
dis que les archers d'Angleterre qui étoient sur les
dunes des fossés de la ville, tiroient sajettes dedans
si ouniement et si dur que à peine osoit nul appa-
reoir aux créneaux de la ville et aux défenses. Et
recueillirent ce jour ceux de Yppre bien la valeur
de deux tonneaux pleins d'artillerie. Et n'osoit nul
aller par les rues qui marchissoient aux murs où
l'assaut étoit, par paour du trait, si il n'étoit trop
bien armé et pavesché de son bouclier. Ainsi dura
cel assaut jusques à la nuit, que les Anglois et les
Flamands qui tout le jour avoient assailli en deux
batailles, retournèrent en leurs logis, tous lassés et
tous travaillés; et aussi étoient ceux de la ville de
Yppre. » Les Flamands savent leur histoire, mais
ils croyaient bien que ces choses étaient du Passé :
elles étaient de l'Avenir.

Une autre ville, qui avait connu bien des sièges
terribles, avant de voir tomber ses monuments par
ce dernier déluge de feu, c'est Arras. Regardons
l'aquarelle de M. Duvent, faite le 12 août 1915, les
ruines blanches de plâtras et rouges de briques à

nu, sur un ciel tragique d'incendie ou de bombardement. Du Beffroi d'Arras, jadis haut de 75 mètres, ciselé comme une châsse, vibrant comme une volière, plein de carillons qui semblaient ne jamais devoir finir, voici ce qui reste : un pic de pierres sculptées sur une moraine de décombres. Aux grandes dates de sa vie : 1463, date de sa première pierre, 1499, date de son achèvement en toute sa partie carrée, puis 1551, date de son nouveau « départ » pour le ciel, en deux étages octogones, flanqués de choses pointues et fleuries qui montaient avec lui, il faut ajouter aujourd'hui une quatrième date, 1915, date de son écroulement jusqu'à la hauteur du premier étage. Le reste, qui avait vu Louis XI avec ses médailles et, depuis, tant de sièges, tant de fêtes, de carrousels et de kermesses et les journées tragiques de la Révolution, est poussière. A droite, cette chose plate triangulaire dessine, seule encore, la forme qu'avait la haute toiture de l'Hôtel de Ville, lorsqu'elle descendait des deux côtés en pentes raides, semées de lucarnes sur trois rangs, crêtée, plombée et dorée à son sommet comme un reliquaire. Tout contre, ce magma carbonisé, voilà tout ce qui reste d'une aile dans le style Renaissance flamande ajoutée après coup à l'Hôtel de Ville gothique, car ici, comme à Ypres, on avait accolé hardiment les deux styles. Ce trou rond dans les briques rouges est comme le dernier hublot de cette nef démâtée. On voit, là, le dernier vestige d'une rangée de baies circulaires

ouvertes au second étage. Elles contrastaient vivement avec les hautes ogives gothiques qui flam-
boyaient áu-dessous. La délicieuse dissymétrie de
cet Hôtel de Ville, presque égale à celle du Palais
des Doges, se devine encore quand on regarde les
ruines des arcades si exactement dessinées par
M. Duvent. On sent qu'elles s'ouvraient selon des
courbes toutes différentes : l'arc en tiers-point et
le plein-cintre, alternant sur des colonnes inégalement espacées, sauvaient les sept arcades de
l'inévitable ennui d'un plan régulier. Peut-être cela
gênait-il M. Hoffmann, l'architecte municipal de
Berlin, ou M. Peter Behrens. L'ordre règne maintenant dans le style ogival d'Arras : il n'y a plus
rien.

Comment c'est-il arrivé? C'est M. Flameng qui
va nous le dire. Il a peint le même motif, mais vu
un mois auparavant, et vu d'un autre point : du pan
de mur qu'on aperçoit, à l'extrémité gauche dans
l'aquarelle de M. Duvent. Peintre de batailles, il a
saisi la *Ruine* au moment où elle se fait. On croit
entendre le bruit sourd de la masse qui s'éboule,
on croit respirer cette poussière âcre qui flotte
dans l'air pendant l'incendie. L'écorce sombre des
pierres, patinées par le temps, se détache et tombe ;
la bâtisse primitive, l'appareil du xve siècle, est
mis à nu : c'est une minute rare pour l'œil de l'artiste.

Lorsque le dernier étage du Beffroi d'Arras avait
été terminé, jadis, un poète du lieu était venu en

commémorer le souvenir par ces vers, ensuite gravés sur une plaque, à l'intérieur de l'édifice :

> L'an mil cincq cent cinquante quatre,
> Par ung second jour de juillet,
> Jehan Delamotte et Pierre Goulattre
> Firent en ce lieu le premier guet,
> Estant à nouveau le Beffroi faict
> Par ung nommé Jehan Caron
> Maistre en cet art, ung des perfaicts
> Car il avoit un grand renom.

L'inscription de M. Flameng, au bas de son aquarelle, *Arras, juillet 1915*, a la même éloquence et éveillera chez nos descendants autant de souvenirs.

L'artiste ne s'est pas borné à cet éloge funèbre du Beffroi, la gloire d'Arras. Il a voulu conserver l'aspect de ruines d'un moindre style.

Voici l'incendie de la cathédrale d'Arras, le 6 juillet, au lendemain de la pluie d'obus, — cinq mille, dit la chroniqne, — qui acheva la destruction de la ville. Cette façade à colonnes corinthiennes, qui semble empruntée à quelque église d'Italie, c'est l'entrée de la cathédrale, plaquée contre l'immense bâtiment appelé le Palais Saint-Vaast, ancienne abbaye, sorte de caravansérail intellectuel où se trouvaient réunis non seulement l'église, mais l'évêché, le musée, les archives, le séminaire, la bibliothèque. Tout, sauf çà et là quelques façades, est détruit. Le Palais flamba le premier, puis le feu gagna les combles de la cathé-

drale. On voit, à terre, un des chevrons de la char-
pente qui flambe encore après l'écroulement du
toit tout entier. Sur le sol, le bois crépite et, là-
haut, les fumées lumineuses, traversées par le
soleil, s'évanouissent dans le ciel indifférent et
bleu.

Ce sont, là, les derniers tisons de l'incendie allumé
dans la nuit du 5 au 6 juillet. Cette nuit elle-même,
M. Flameng l'a peinte. Elle restera certainement,
au point de vue esthétique, la grande nouveauté
des combats modernes. On voit peu de choses,
dans une bataille, le jour : on en voit beaucoup la
nuit, beaucoup plus qu'autrefois. Les projecteurs,
les fusées éclairantes, les obus fusants, les incendies sont les seuls cadeaux que la Guerre fasse
à l'Art. Sans doute, la guerre de nuit remonte
loin dans l'histoire. Lors du siège d'Arras par
Louis XI, en 1477, lorsque, comme dit Commines,
« le roy fit approcher son artillerie et tirer, laquelle
estoit puissante et en grand nombre; les fossés et
murailles ne valoient guères; la batterie fut grande
et furent tous espouvantés... » — on dut voir quelques-uns de ces effets de nuit. « Le vingtième jour
d'avril, audit an, ajoute un chroniqueur, on jettait
journellement engiens de cité dedans Arras, furent
jettés plusieurs mortiers en plusieurs lieux, en
especial en l'enclos de Saint-Vaast, tant sur le
corps de l'église dont la voulte de le nef fut per-
chié, et fut grand dommage, dont le roy la fit re-
faire comme il aperra cy après : de rechef cheyrent

sur le dortoir et en plusieurs aultres lieux jusques au nombre de 14, dont aucuns avoient 52 pous de tour, mais par la grâce de Dieu, il n'y eut nulluy bleschié, et jectoient tant de nuict comme de jour incessamment serpentines contre la tour, le cloquier et le portail... » Mais les bombardiers modernes ont grandement perfectionné leur pyrotechnie homicide et infiniment varié les effets éclairants de leurs poudres. Si M. Flameng a pu oublier le sens humain du drame qui se jouait devant lui, c'est d'une des plus belles heures de sa vie d'artiste que cette aquarelle pourra témoigner.

Comme Ypres, comme Arras, Nieuport avait connu des heures terribles dans le Passé, et aussi des heures glorieuses, mais ne croyait pas en revoir. Étrange aventure que cette guerre où l'on détruit des villes déjà mortes depuis des siècles, ensevelies dans la vase, le silence et la solitude, où les obus vont déterrer les morts! Nieuport était de ces villes-là. Elle flottait dans des vêtements trop amples faits en d'autres temps. Les aquarelles de M. Duvent, les *Halles* et l'*Église*, nous montrent deux monuments construits jadis pour des multitudes de drapiers ou de fidèles, du temps où la ville n'était pas délaissée par la mer, où elle se défendait avec de hauts remparts, éclairait l'horizon avec ses phares, jouait son rôle dans le cycle international des échanges. Depuis longtemps, ces jours glorieux étaient finis. La mer s'était retirée et les

foules avaient suivi la mer. L'immense église était
quasi vide, le phare enterré. La ville était plongée
dans un sommeil léthargique dont rien ne semblait
pouvoir la tirer. Elle ressemblait à ces dormeuses
que la science observe parfois durant des années,
dans les hôpitaux. Elles ne se réveillent que pour
mourir.

Les grands jours d'Ypres et de Nieuport semblaient finis. Voici une petite ville qui n'avait guère
eu de grands jours : Gerbéviller, en Lorraine. Elle
en aura un désormais : le jour de sa ruine. Un
dessin de M. Georges Scott nous le montre sinistre.
On devine, rien qu'au coup de crayon de l'artiste,
les scènes de sauvagerie qui se sont passées dans
cette rue, les jeunes gens brûlés, les femmes
fusillées à la course, « comme des lapins », dit le
récit d'un témoin oculaire. C'est là, surtout, que le
mot de ruines perd sa signification esthétique : ce
ne sont pas, là, des ruines, ce sont des décombres....

Après toutes ces visions tragiques, c'est un
curieux contraste que la grande aquarelle de
M. Vignal, *Sermaize-les-Bains*. C'est la ruine sous
le ciel rasséréné, qui a déjà pris son aspect pittoresque, avec les verdures nouvelles des arbres. C'est
un paysage à la place d'une ville : on sent la vie
qui se transforme et qui continue. L'homme se
lasse, la terre ne se lasse pas. La nature recom-
mence, indifférente, son grand œuvre, recouvrant
tranquillement le crime des hommes, comme leurs
édifices, d'une même splendeur. M. Vignal a repris

son métier, non pas avec la même indifférence, mais avec la même sûreté que la Nature. Il a posé sur le papier ses teintes les plus fraîches, comme lorsqu'il était paisiblement occupé à tailler les ifs d'un beau jardin d'Espagne ou, dans l'indolente Venise, à égrener le chapelet des reflets.

CHAPITRE II

LA CATHÉDRALE DE REIMS

Maintenant voici la Ruine inexpiable, celle que
la Nature elle-même ne peut suppléer, parce qu'elle
contenait un peu du cœur des hommes, — et
d'hommes qui ont disparu depuis six cents ans :
la cathédrale de Reims! Nous connaissons surtout
le désastre accompli sur le portail angle nord de
la grande façade occidentale et sur les deux contre-
forts. C'est bien loin d'être tout le désastre, mais
c'est le plus sensible. Ce portail était peuplé de
figures mystérieuses. Ce qui distingue l'entrée
d'une église de celle d'un château-fort, ce sont ces
haies de personnages qui vous accueillent, vous
bénissent, vous sourient. Distrait par leur présence, on entre sans s'apercevoir qu'on a franchi
un mur gigantesque. Au-dessus de la tête, d'autres
figures, en myriades, plus petites, grimpent, s'accrochent aux tiges de pierre, comme des cigales à
des roseaux et les bouts des tiges plient sous le
poids, se rejoignent en ogives — et voilà des vous-
sures. Ces figures sont celles des prophètes, des
saints, des sages, des rois et des héros. C'est seu-

lement dans les temps modernes qu'on s'est avisé de planter un particulier au milieu d'une place publique, ne tenant à rien, dans l'isolement de sa gloire individuelle, tout commençant à son piédestal et finissant à son chapeau. Les artistes du xiiie siècle donnaient à leurs héros une autre gloire. On ne pouvait entrer dans l'église sans passer entre les rangs serrés de ceux qui l'avaient faite : apôtres, martyrs, confesseurs, prophètes, serrés les uns contre les autres, confondus dans le rang de la grande milice chrétienne, dans la gloire collective du portail, tenant à la pierre, adossés à ses colonnes, recouverts par sa voûte, faisant corps avec l'immense édifice, vivant de sa vie et pouvant, comme on voit, mourir de sa mort. On ne sait pas toujours leurs noms, on hésite pour plusieurs d'entre eux, mais on sait la grande tâche que leurs épaules ont portée. Leur œuvre est inoubliable : ils ont donc pour fondement le solide parvis des fondations du temple et pour couronne le développement infini des siècles préfigurés.

Les fabricants du monument de Leipzig ont mis de l'ordre dans tout ce symbolisme : plus de simplicité leur a paru nécessaire. A coups d'obus, ils ont effacé entièrement les deux figures de saint Thierry et de son maître saint Remy, le patron de Reims, lesquelles étaient les premières à nous accueillir au bord du portail, à notre gauche, en entrant, l'une logée dans l'angle du contrefort et de l'ébraemsent, l'autre à l'angle même de l'ébrasement. Ils n'ont laissé à sainte Clotilde, qui vient après, qu'un peu de sa tête et sa couronne : tout le reste de la statue a été enlevé par leurs soins. Ils ont raboté l'ange gardien qui se tient entre sainte Clotilde et saint Nicaise, ainsi que le saint lui-même. Déjà martyr des barbares, massacré sur le seuil de son église, et représenté ainsi par le statuaire, la tête amputée du crâne, voici que son effigie elle-même, bien des siècles après, est brisée. Enfin, la dernière figure au fond du portail n'a plus sa tête ni sa main, qui étaient tournées vers le saint. On ne voit plus, collées au mur, qu'une paire d'ailes qui annoncent assez qui se tenait là : c'était un ange, l'ange gardien de saint Nicaise, le « Sourire de Reims ».

La figure de l'Ange de saint Nicaise était moins parfaite que d'autres ici, mais plus moderne et aussi plus humaine, plus accueillante. La Renaissance a, depuis, inventé des anges pleins de morgue et de distance. Ceux du Moyen âge se tenaient dans le rang, faisaient la haie, comme tout le monde, à l'entrée du sanctuaire, avec les hommes qu'ils guidaient et qu'ils consolaient. Ils n'étaient pas plus invisibles que les hommes, guère plus agiles, malgré leurs ailes, mais toujours souriants; véritables infirmiers des âmes, ils savaient les gestes qui mènent au Paradis.

Celui-ci avait, en se tournant vers saint Nicaise, le léger hochement de tête qu'a, sur l'autre portail, placée pareillement au coin de l'entrée, la prophétesse Anne en se tournant vers le grand-prêtre. Ces inflexions très discrètes suffisent à mettre en communion toutes ces figures et à faire de leur rencontre une « conversation sacrée ». Puis il souriait, en plissant les yeux, d'un sourire un peu pointu. Et cette expression, tout humaine et un peu mondaine chez un être céleste, a toujours intrigué les passants. C'est le mystérieux sourire de celui qui connaît l'autre côté de la vie, les réalités dont toute cette cathédrale est la figuration. Or, cette tête qui souriait est tombée. On l'a ramassée brisée en plusieurs morceaux. Une chose fabriquée par les usines Krupp en a eu raison. Qu'est-ce que M. Krupp donnera au monde en échange ?

L'autre côté du portail a un peu moins souffert. Pourtant, les deux premières figures du fond, près de la porte, où l'on croit voir saint Étienne et un apôtre barbu, sont rabotées par les éclats d'obus, de même que la figure suivante, celle de sainte Eutropie, sœur de saint Nicaise, qui assista à son martyre, et aussi saint Jean, à sa gauche. A côté de saint Jean, à l'entrée du portail, on voit encore une tête coiffée d'une mitre : c'est celle de saint Sixte, premier évêque de Reims ; le reste du personnage est entièrement effacé. Quant à sa voisine, à ce qui fut la Reine de Saba, placée en face de nous sur le contrefort, elle gît dans les gravats et la poussière qui jonchent le sol. C'était une figure simple et fine, droite et souple, dans sa tunique aux longs plis fléchissants, écartant légèrement son manteau des deux mains d'un geste mesuré, avec une expression très vivante et très particulière : sans doute un portrait. Elle était là pour commémorer, à la base de l'église, un très lointain passé : elle était venue, jadis, des extrêmes pays d'Orient, adorer le roi Salomon, comme, plus tard, les Mages devaient venir adorer l'Enfant Jésus. La légende même racontait que, pour venir, elle avait franchi un torrent sur un madrier rejeté comme impropre à la construction du Temple, et dont on fit plus tard le bois de la Croix. Les Allemands, qui ont cru devoir effacer cette figure du portail de Reims, ont, par la même occasion, détruit à peu près les bas-reliefs où la scène de l'invention de la vraie Croix par sainte Hélène était représentée, dans le tympan ogival du contrefort à notre gauche. Ainsi, tout ce portail est-il dépeuplé.

Là, ne s'arrête pas le désastre. D'autres photographies nous montrent ce qu'il est advenu des sujets sculptés au revers de la façade, entre les trois portails. Dans celle du portail central, où figure la rosace à seize rayons, couronnés de trois petites rosaces trilobées, nous voyons comment étaient disposés ces sujets. Dans des niches rangées trois par trois le long de la muraille et superposées en sept rangées de haut, alternant avec des panneaux sculptés de feuillages, des prophètes, des saints, des anges, des chevaliers se tenaient, un par un. On distingue, à la rangée la plus basse,

au-dessus des draperies sculptées, les trois prophètes Isaïe, Malachie, David, déroulant leurs
phylactères. Au-dessus, on devine l'ange apparais-
sant à Anne et Joachim ; au-dessus encore, on sait
qu'il y a Anne et Joachim se rencontrant à la Porte
d'Or. On est confondu de cette profusion de figures
très étudiées dans des coins où nul ne les voyait.
Aujourd'hui, l'obus a déblayé la place. Le feu a
pris aux grands tambours de bois qui masquaient
les portes. Nous voyons le résultat. Et il ne faut
pas juger du désastre seulement par les-choses qui
se sont écroulées. Presque toutes les autres sont
calcinées. L'épiderme de la pierre ne tombera-t-il
pas au premier choc ? On ne mesurera que dans
longtemps l'étendue de la catastrophe....

Nous touchons ici au crime, non pas le plus
inhumain, mais le plus inexplicable qui ait jamais
été commis par des êtres qui avaient figure
humaine et dont la langue assemblait des sons !
Lorsque le télégraphe, dans les heures anxiéuses
de septembre 1914, nous apporta la nouvelle que
l'Allemand détruisait la cathédrale de Reims, le
cri fut moins d'horreur que de stupéfaction. Ce fut
moins la sensibilité qui fut blessée que l'intelli-
gence, par l'impossibilité où elle était, — où elle
est toujours, — de comprendre. Détruire les demeures de l'ennemi, souffler une rafale de fer et
de feu qui emporte les toits et rend une ville inhabitable, c'est une opération conforme au système

de terreur inauguré par les reîtres. Mais un édifice
où nul ne demeure, — que Dieu, — qui n'apporte
à personne aucun confort, aucune protection ma-
térielle, aucune richesse, dont la présence n'ajoute
pas une minute de plus à la lutte, dont la dispari-
tion ne lui en ôte pas une, — bien plus, un édifice
qui ne sert pas un pays plus qu'un autre, qui remplit un même office de beauté pour tous les peuples
de race blanche, qui rappelle les fastes d'une religion commune à tous les peuples issus de la civilisation chrétienne : le viser comme une forteresse,
l'incendier comme un dépôt de pétrole, envoyer
des obus contre ses roses, décapiter ses anges,
s'escrimer contre son idéal, chercher à faire peur à
Dieu ! — quel rêve, et combien d'années faudra-t-il
à l'*homo sapiens* pour réparer une telle régression !

Tous les pays se sont sentis lésés. L'Allemagne,
elle-même, l'aurait compris, si elle était encore
capable d'un sentiment désintéressé. « Une chose
de beauté » n'est pas seulement « une joie pour
toujours », comme l'a dit le poète anglais, mais pour
tous. Le pays où elle est née ne la possède pas plus
que les autres. Il en est le détenteur, il n'en est pas
le propriétaire, au sens du *jus abutendi*. Cela est si
vrai que, lorsqu'il est question, dans une ville quelconque, non pas même de détruire, mais seulement
de « restaurer » un de ces chefs-d'œuvre, le monde
entier s'émeut. De toutes parts, des protestations
éclatent, et elles sont écoutées. Les municipalités
sentent bien, et, à leur défaut, l'État, qu'il y a, là,

quelque chose qui dépasse le droit individuel ou même collectif d'une nation, — je dirai : d'une génération entière. Nous sommes tous sur ce globe comme les passagers d'une barque naufragée, qui n'ont pu sauver qu'un petit trésor. Le monde n'a pas trop de beauté pour ne pas la mettre toute en commun. Le peuple qui en a créé un atome n'a pas le droit de le détruire, non plus qu'un père son enfant : à plus forte raison, un peuple étranger.

On l'a fait dans le passé, c'est vrai. On a détruit des églises, brûlé des bibliothèques, rasé des palais à peine construits, effondré des fresques à peine peintes, fondu des cloches et des bronzes d'art. Alphonse d'Este a fait un canon d'une statue de Michel-Ange. D'innombrables marbres grecs ont servi de mortier. Dans la région même de ces ruines: Ypres, Arras, Nieuport, et aussi dans les pays wallons, le XIV\u00b0, le XV\u00b0 et le XVI\u00b0 siècles ont connu de semblables spectacles. Tantôt par vengeance de prince, tantôt par fanatisme de foules, tantôt par explosion de démagogie, les statues ont été décapitées, les verrières brisées, les rues jonchées de débris de chefs-d'œuvre. Charles le Téméraire a brûlé Dinant et Liège. Les Gueux et les Iconoclastes ont brisé tout ce qu'ils ont pu d'œuvres d'art, bien avant les docteurs et les professeurs de l'armée von Heeringen. Tout cela est de l'histoire. Mais c'est de l'histoire ancienne et la seule raison qu'a l'humanité de se perpétuer de nos jours, sa seule excuse de durer encore, lorsqu'elle a tant dégénéré, — en art,

par exemple, — c'est de progresser en loyauté, en
beauté morale et en fraternité. L'erreur des bombardiers de Reims, de ces gens prétendûment modernes, est de se croire toujours au xiiie ou au
xve siècle, non quand ils font de l'art — ce qui
serait très bien, — mais quand ils font la guerre
et quand ils défont les traités.

Cette erreur pourra leur être fatale. N'en doutons
pas : il arrivera un jour où les Barbares nieront ces
attentats — car tout arrive ! Ils ergoteront, ils dis-
cuteront, ils diront que ce qu'ils ont détruit n'était
pas réellement ancien, que c'était déjà restauré. Il
faut s'attendre aux plus effarants exercices d'acro-
batie dialectique de gens qui ont démontré que
Benvenuto Cellini était Allemand, parce qu'il avait
la barbe blonde, et que Courbet et Millet ont « introduit le sentiment allemand dans l'art français ! » Ils
le nieront, parce que cette destruction est plus
qu'un crime : c'est une honte, — et aussi parce que
l'humanité entière, dont ils ont appauvri le patrimoine, se lèvera pour le leur redemander. Le crime
contre la vie humaine, contre les êtres sans défense,
les populations entières emmenées en captivité, les
femmes et les enfants fusillés, est ce qui nous indigne
le plus aujourd'hui. Le reste semble peu de chose.
Il n'est pas un de nous qui ne donnerait encore
quelques-unes de ces admirables pierres pour sauver
une vie en péril là-bas, et qui lui est chère. Mais ce
sentiment passera, puisque nous passerons nous-
mêmes. Le crime contre l'Art ne sera jamais par-

donné. Les hommes se remplacent. Le chef-d'œuvre ne se remplace pas. Un jour viendra où, de tous nos deuils individuels, il ne restera plus qu'un souvenir confus : le souvenir d'une immense hécatombe. Les Ruines, elles, resteront profilées sur l'horizon de l'Histoire, avec la même netteté qu'aujourd'hui. Les Barbares feignent d'en rire aujourd'hui : ils n'en riront pas toujours. Lorsqu'ils voudront reprendre leur place parmi les peuples civilisés, parler encore de leur goût pour les arts, de leurs génies, de leurs musées, de leurs instituts d'archéologie, de leur dévouement aux vestiges du Passé, il suffira de leur montrer ces Ruines...

25 décembre 1915.

LA CARICATURE ET LA GUERRE

Si la caricature était, comme on l'a souvent prétendu, l'art du rire, la présente étude serait sans objet et son titre même ne pourrait s'écrire de sang-froid. Les spectacles auxquels nous avons assisté pendant toute cette guerre ont éveillé ou surexcité en nous, jusqu'au paroxysme, tous les sentiments dont l'âme humaine est capable, sauf ceux dont le rire est l'expression. Même les neutres, même les habitants les plus lointains de ce globe, qui semble, d'ailleurs, s'être rapetissé comme fait une boule d'argile dans la fournaise, ont senti que l'humanité entière court un danger. Que l'on puisse, en plein xxe siècle, déchirer les traités, renier sa signature, préparer froidement dans le plus grand détail l'assassinat d'un peuple, noyer des familles entières d'émigrants, envoyer des infirmières au poteau d'exécution, c'est là une surprise tellement tragique, un réveil si brutal des longs songes de paix et de fraternité sociales, qu'à peine aujourd'hui même notre pensée peut la « réaliser ». On n'en pourrait rire que dans Sirius, à la condition encore que, dans Sirius, il y eût des hommes et qui fussent dépourvus de tout sentiment d'humanité. Les auteurs gais se sont tus, du moins ceux dont l'humour vise au plaisant et demande, pour être goûté, l'esprit paisible et détaché des dilettantes. Ils ne feraient pas leurs frais.

Mais la caricature, — on a essayé de le montrer il y a longtemps[1], — n'est pas nécessairement ni essentiellement l'art du rire. C'est seulement une de ses fonctions que de faire rire, — et ce n'est pas la plus haute. Les pages immortelles de la *Danse des Morts* d'Holbein, des *Horreurs de la Guerre* de Callot, des *Scènes de l'Invasion* de Goya, les plus belles pages d'Hogarth, de Gillray, de Rowlandson, de Daumier, de Gavarni, de Grandville, de John Leech, et plus près de nous de M. Forain, de M. Willette, de M. Steinlen, de M. Grandjouan, n'ont jamais fait rire personne : elles ont fait penser. Plus d'une fois, elles auraient pu faire prévoir. « Tiens, tu m'fais mal avec tes ennemis les Anglais!... » disait, — il y a quelque vingt ans, — un terrassier de M. Forain, en montrant un obus que son camarade venait de déterrer dans un terrain vague, près de Paris. « Il est peut-être anglais, celui-là!... » et il n'était guère possible de résumer, avec plus de bon sens, la conduite à tenir dans les conseils de l'Europe. « Tiens ! la bière, *aussi*, est allemande ! » s'écriait un reporter de Caran d'Ache, admis à la table de l'État-major turc, pendant la première guerre gréco-turque, en considérant l'étrange allure des officiers du calife. Et vers la même

_____

1. Cf. le *Miroir de la Vie*, 1re série, 1902.

époque, le même prophète dessinait une double image de Guillaume II. Dans l'une, le Kaiser, debout devant sa fenêtre, montre au public tout le haut de son personnage, casqué, cuirassé, la main sur son sabre, en empereur de la guerre; mais le reste de son accoutrement dément cet appareil belliqueux : c'est une robe de chambre, des pantoufles, les attributs du commerce et des arts libéraux. Dans l'autre, c'est le buste d'un négociant ou d'un artiste qu'on aperçoit par la fenêtre; seulement, le reste du personnage dément ce décor pacifique : les hautes bottes, le sabre, les engins de la guerre sont là pour avertir celui qui pénètre dans l'intimité, regarde et réfléchit. Et l'on se demandait : « Lequel est le vrai? » Tandis que Jules Simon, revenant de Berlin, répondait sans hésiter : « C'est le pacifiste! » et que Déroulède affirmait : « C'est le guerrier! » Caran d'Ache laissait ouverte la porte du formidable inconnu.

Cet exemple du plus gai de nos caricaturistes modernes n'est pas unique. Elles fourniraient des volumes, les légendes profondes, suggestives, amères même, de Gavarni, de Daumier et de M. Forain. « Si « humour » voulait dire seulement « rire », écrivait Thackeray, qui fut, lui aussi, un caricaturiste à ses heures, vous ne prendriez guère plus d'intérêt à l'histoire des écrivains humoristes qu'à la vie du pauvre Arlequin, qui partage avec eux la faculté de faire rire. Si la vie et l'histoire de ces hommes éveillent en vous une curiosité mêlée de sympathie, c'est qu'ils s'adressent à un grand nombre de facultés, outre le sens du ridicule. L'humoriste cherche à éveiller et à diriger votre amour, votre compassion, votre bonté, votre mépris du mensonge, de la prétention, de l'imposture, votre tendresse pour les faibles, pour les pauvres, pour les opprimés, les misérables.... » Thackeray, qui ne prévoyait pas la guerre actuelle, explique ainsi pourquoi, sans rien abdiquer des sentiments de tristesse ou d'indignation qu'elle suscite, on peut consulter ses caricatures.

Ce qu'on y trouvera, ce ne sont sans doute point des faits, comme dans les photographies ou les dessins des champs de bataille, mais bien les sentiments des peuples sur ces faits. Ce qu'on y saisira, ce ne sont point des réalités, mais l'image que les artistes et leur public se font des réalités et aussi des sentiments de leurs amis et de leurs adversaires. Ainsi envisagée, la caricature projette une vive lumière sur le grouillement complexe et confus des passions, des espérances et des craintes, éparses dans la subconscience d'une nation.

D'abord, elle résume. En tirant de tous les traits qui composent une figure le seul trait qui marque sa dissemblance d'avec l'espèce, le caricaturiste nous découvre le caractère propre à l'individu et, par là, nous résume le visage. De même, en faisant tenir, dans le cadre étroit d'un dessin et le geste de deux ou trois personnages, tout un événement contemporain, ou une théorie sociale, un système politique, il nous le résume, le dégage de tout ce qui est accessoire et, même en l'exagérant, nous en fait apparaître, à première vue, l'essentiel. C'est là, surtout quand il s'agit des idées et des sentiments d'un peuple étranger, lointain, ou dont nous ne pouvons pas aisément lire les publicistes, un avantage qu'il ne faut point dédaigner.

Ensuite, elle exprime très vraisemblablement, de ce peuple, le sentiment moyen et universel. Le trait caricatural est un signe ou un « sigle ». Pour qu'il soit employé, il faut qu'il soit compris. La « légende » même est trop courte et trop resserrée pour évoquer clairement ce qui ne serait pas, déjà, dans l'esprit du lecteur. La preuve en est que beaucoup de « légendes » de M. Forain, quoique bien modernes, sont déjà inintelligibles pour ceux qui n'ont pas assisté aux faits qu'elles résument ou qui, y ayant assisté, les ont oubliés. Quel homme d'État désignait chez nous un 7 gigantesque, auquel on le figurait pendu ? Quel autre, une ceinture dorée ou trente-six bêtes ? Que voulait dire ce morceau de lard, accroché au chapeau d'un prince ? Autant de signes qui seraient pour beaucoup d'entre nous lettres mortes. Aujourd'hui même, quelle nation désigne le Dindon chez les Anglais, quel parti l'Éléphant chez les Américains ? Lorsque le kangourou bondit dans une image politique, anglo-saxonne, quelle idée et quel pays traîne-t-il à sa suite ? Le tigre, à New York, a une signification complètement inconnue de ce côté de l'eau. C'est tout un langage presque hiéroglyphique à déchiffrer pour nous et cependant très clair pour le premier gamin qui passe dans le Strand ou Broadway.

Il y a donc conformité entre la caricature d'un homme ou d'une chose et l'idée que la foule se fait de cet homme ou de cette chose, du moins lorsque cette caricature circule, se répète, entre dans les habitudes et les moyens d'expression du public. Lorsqu'il s'agit d'un simple accessoire signalétique, cela n'a pas grande importance; mais s'il s'agit d'un trait moral ou physiologique, ce peut être fort révélateur. Du temps de Gillray, c'est-à-dire sous la Révolution et l'Empire, la silhouette d'un homme maigre, efflanqué, mal rasé, sordidement vêtu de loques, dévorant des grenouilles ou jetant sur un roastbeef anglais des regards d'envie, désignait, sans plus de gloses, un Français. Cela ne prouve pas que les Français, à cette époque, fussent hâves et mourants de faim; mais cela prouve que les Anglais les croyaient tels.

Il en va tout autrement d'un livre, un discours, même un article de journal qui est un développement d'idées et peut ainsi exprimer une thèse tout individuelle, propre à l'auteur, quitte à la développer, à la commenter et à la défendre, si elle ne répond pas, tout de suite, au sentiment moyen du lecteur. La caricature y répond, de toute nécessité. S'en servant en dehors et en dépit de l'assentiment du public, le dessinateur ferait comme un écrivain qui emploierait de nouveaux

signes à la place des lettres accoutumées : il ne
serait pas compris.

Puisqu'il l'est dans son pays, tâchons, nous aussi,
de le comprendre et, par là, de comprendre mieux
le sentiment populaire dont il est l'expression. Même
exagérée, même fugitive, elle a son prix, parce que
ce sentiment a sa force. Elle change comme il
change, se fixe s'il se fixe, tourne à tous les vents.
Il y a peu d'années encore, ce que la caricature, en
Allemagne, raillait le plus, c'était le militarisme
prussien. C'est le pacifisme qu'elle raille aujour-
d'hui. C'est donc une girouette. Mais il est bon de
consulter les girouettes, parfois — en temps d'orage
surtout. Ne dédaignons pas ces légères annon-
ciatrices, si grotesques parfois que soient leurs
formes découpées sur le ciel. Regardons les orien-
tations qu'elles prennent sur nos toits, sur les toits
de nos amis, sur les toits de nos adversaires. Elles
nous indiqueront les grands souffles qui passent,
en ce moment, sur l'Humanité.

CHAPITRE I

CHEZ LES ALLIÉS

La guerre, qui a surpris nos politiques, nos sociologues et nos financiers, a surpris également nos caricaturistes. Leur ironie n'était pas prête. Elle a, d'abord, été étouffée par l'indignation : l'indignation devant la mauvaise foi évidente des prétextes de guerre, la violation de la parole donnée, les cruautés inouïes de la première heure. Et l'indignation, dans son premier spasme, n'a pas d'esprit. Puis, l'événement nous prenait au dépourvu, non pas d'esprit critique : — c'est une matière qui ne manque guère en France, — mais des notions nécessaires pour l'entretenir. Nous n'étions pourvus d'armes que contre nous-mêmes. Des anecdotes désobligeantes sur nos hommes d'État, sur leur passé, sur leurs familles, nous en possédions à revendre, et aussi des portraits si peu flattés que leurs moindres défauts, physiques ou moraux, en faisaient de purs grotesques. Mais, de traits contre l'Ennemi, qui, secrètement, minutieusement et de longue main, venait de perpétrer les moyens de nous assassiner, nous n'en possédions pas. A part le Kaiser, — que la satire, chez nous, a respecté infiniment plus qu'elle n'a fait nos propres hommes d'État, — et depuis quelque temps, le Kronprinz, les figures d'outre-Rhin nous étaient totalement inconnues. Ce fut une révélation que celles de M. de Bethmann-Hollweg, de Bernhardi, de von der Goltz, de Tirpitz, de M. Helfferich, du comte Zeppelin, d'Hindenburg, de von Kluck. Ainsi, les actes, — des actes formidables, — précédèrent les visages, et l'Histoire universelle fut faite par des gens dont nous ignorions l'histoire individuelle, les antécédents, les mœurs, les ridicules, les manies ; — bref, tout ce qui peut prêter à l'ironie et à la caricature. « On entendait le pas du cheval, mais sans voir le cavalier. » Dans ces conjonctures, l'ironie ne sait trop où se prendre. Il n'est pas nécessaire de connaître un homme pour lui tirer dessus, mais c'est indispensable pour le caricaturer, pour montrer ses défauts ou seulement ses caractéristiques. De là, sans doute, le peu de satires mémorables que la guerre inspira, chez nous, contre l'Ennemi.

Une autre raison, tout à l'honneur de nos humoristes, est que beaucoup d'entre eux étaient aux armées. La plupart des journaux satiriques ont dû cesser brusquement leur publication. Le Français, dont c'est le métier d'être spirituel, devint subitement grave et résolu. Les « mots », s'il en fit, furent entendus seulement de quelques camarades, bons juges de leur à-propos héroïque, et plus d'un les signa de son sang. Lorsque, la guerre se prolongeant, plusieurs purent reprendre leur crayon et les journaux satiriques leur publication, il semble que le désir de se détendre, de distraire, un instant, les yeux et l'esprit des horreurs du massacre, de l'ambulance et des mutilations, l'ait emporté sur le goût de stigmatiser l'envahisseur.

La matière n'était pas, non plus, excellente. La raillerie n'a de prise que sur la faiblesse ou ce qui est faible dans la force, jamais sur la force même. L'odieux est un bloc où l'ironie ne peut mordre. Ce qui prête, parfois, à l'erreur sur ce point, c'est qu'on confond le motif déterminant de l'attaque avec cette attaque même et ses moyens. Il est vrai que souvent des hommes d'esprit ont été déterminés à user de leur arme par l'indignation que leur a causée l'excès de la force. Mais ils ont senti leur arme s'émousser sur du granit, et l'on ne saurait citer un bon trait qui ait porté. Si, parfois, ils ont réussi à pousser leur pointe ironique, c'est que le granit avait un défaut, quelque fissure : par exemple, l'hypocrisie, — c'est-à-dire une faiblesse, ou l'infatuation, — c'est-à-dire une autre faiblesse. Et comme, souvent, en effet, le crime triomphant a de ces faiblesses, qu'il se masque d'hypocrisie ou se drape d'infatuation, il est vulnérable et l'esprit fait son œuvre. Mais la brutalité triomphante ne l'est point.

Au vrai, nos maîtres de la caricature ont fait des planches excellentes sur la guerre ; mais, si l'on y prend garde, les meilleures ne sont pas sur les Allemands : elles sont sur nous-mêmes. La plus célèbre de toutes : *Pourvu qu'ils tiennent — Qui ça? — Les Civils*, figurée par deux « poilus » exposés aux balles, au froid, à la faim, dans les tranchées, n'est point destinée à ridiculiser l'Ennemi, mais à réconforter ceux qui ne risquent rien, ceux de l'arrière, par l'exemple de ceux qui, sans se plaindre, risquent tout.

Et jamais, aux heures les plus brillantes du *Doux Pays*, M. Forain n'a été mieux inspiré. Au même ordre d'idées appartiennent une foule de dessins comme celui de M. Roubille. « Je vous l'achète, votre casque ! » dit un monsieur quelconque, orné d'un brassard où on lit *Service-Publicité*, en s'adressant à un blessé, décoré de la médaille militaire. Celui-ci a rapporté un casque à pointe et le montre à un groupe de passants dans la rue. « Il n'est pas à vendre, répond le « poilu », mais je puis vous donner l'adresse du magasin. »

Et aussi, cette page excellente de M. Ricardo Florès. Ce sont encore les poilus de M. Forain. Un an a passé : ils sont toujours dans la tranchée, au froid, emmitouflés, le nouveau casque posé sur leur passe-montagne, et lisant le journal. « *Ils ne crieraient pas si fort s'ils étaient ici!* » remarque l'un d'eux en fumant sa pipe. Voilà de quoi défrayer bien des mémoires à de savantes académies, si, un jour, les archéologues s'emparent de ce texte obscur. Il y aura bien des discussions pour savoir lequel des corps d'armée allemands, bulgares, turcs, avaient coutume, au XXe siècle de pousser des cris effroyables pour épouvanter l'adversaire. Mais nous, nous savons qu'il ne s'agit pas des Prussiens....

Si les civils, chez nous, en ont pris pour leur grade, les soldats ont été abondamment célébrés par les humoristes. L'heure de la justice a sonné pour eux, en même temps que l'heure du sacrifice. Et l'éloge décerné par un railleur de profession a une saveur que les autres n'ont pas. Il semble arraché, par l'évidence du mérite, à l'esprit critique défaillant sous l'émotion, mais demeurant l'esprit tout de même. En réalité, ceux qui savent le mieux couper sont aussi ceux qui savent le mieux coudre, qu'il s'agisse de réputations ou de dynasties, de manteaux de cour ou de lauriers. « Merci père La Victoire ! » s'écrie une cantinière de M. Willette, se jetant au cou du général Joffre. C'est que le vieil homme de guerre lui apporte une statuette dorée, au soir d'une journée d'orage. Et cette statuette est celle de la Victoire avec les ailes, et elle semble être sortie des volutes de fumée d'un 75 et la cantinière a le bonnet de la République, et l'arc-en-ciel est aux couleurs de la France.... Le symboliste ému qu'a toujours été M. Willette, du temps où il conduisait la farandole de ses Pierrots, sous les moulins et la lune de Montmartre, a trouvé encore une très belle image pour figurer ce que la France doit à son armée. Cela parut en 1914 et cela s'appelait *Les Semailles*. Dans un vaste champ

d'automne, un paysan demi-soldat pousse la char-
rue, tandis que la femme, tenant un poupon, d'un
bras, guide de l'autre les bœufs lourds, attentifs à
suivre la gaule. Du haut du ciel, un aigle immense,
aux ailes écartelées, va fondre sur l'attelage, et son
ombre déchiquetée blasonne déjà la morne plaine.
C'est une aigle héraldique : sa tête est coiffée de la
couronne impériale, elle tient dans une de ses serres
non pas un globe, mais une bombe ; dans l'autre,
non pas un sceptre, mais un poignard. Mais elle ne
fera pas de mal. Un guerrier antique, coiffé du
bonnet phrygien, un géant couvert de son bouclier, le glaive en main, veille seul sur l'humble
attelage.... Et le sillon commencé s'achève.

Toutefois, nos humoristes ne se sont pas occupés que de nous-mêmes. Ils se sont aussi, un peu,
occupés de l'ennemi. Ils ont vite découvert son
point faible. Le point faible du Teuton, c'est sa
prétention à l'humanité, à la propreté morale,
à la « culture ». S'il ne l'avait pas, la raillerie,
ne saurait où le mordre, mais il l'a, et très forte.
Aussi, tout ce qui marquera le désaccord énorme
entre cette prétention et ses actes portera.
C'est la vertu de cet admirable dessin de M. Forain,
digne d'être retenu par l'histoire, gravé sur l'Arc
d'Infamie par où passeront, éternellement, les ombres des assassins de Miss Cavell. Une voiture
d'ambulance est embourbée sur le champ de bataille, par une journée grise d'hiver et le conduc-
teur s'efforce de la redresser. Le vent fait flotter sa

Croix-Rouge sur fond blanc, au-dessus de la plaine nue et morne. « Cache donc ton drapeau ! Tu vas te faire tuer ! » crie une sentinelle, qui connaît les mœurs de l'ennemi. Raillerie des prétentions allemandes à la civilisation, raillerie aussi, peut-être de la naïveté de l'ambulancier, qui croit encore aux conventions de Genève, le mot de M. Forain vise deux faiblesses, et, par là, il porte.

Une autre faiblesse de l'Allemand, ce fut sa prétention à une victoire foudroyante et à la rapide conquête de Paris. S'il ne l'avait pas eue, ses succès dans le premier mois de la guerre eussent été suffisants pour que la raillerie ne sût où se prendre. Mais son infatuation fut plus grande que ses succès. On se souvient du dîner que l'Empereur devait offrir à ses intimes, dans un restaurant célèbre, d'avance choisi, à Paris. La *Vie Parisienne* s'en est souvenue, elle aussi. Elle a représenté une luxueuse salle à manger vide : la table mise, la nappe au chiffre impérial, les serviettes en bonnets d'évêque, le surtout en biscuit de Sèvres, les bouteilles de champagne et les coupes, tout annonce qu'on attend d'illustres hôtes. Mais ils ne viennent point... et, à leur place, des rats grignotent le linge et des araignées tendent leurs fils entre les chaises et le surtout. — « Sire, votre potage refroidit... » Jamais plus petit signe ne résuma plus grandes choses.

Enfin, c'est une infatuation que de s'imaginer terroriser Paris avec des Taubes et des Zeppelins. M. Guillaume l'a bien fait voir dans le *Bystander*.

C'est une délicieuse scène de genre, surprise dans quelque jardin de Paris, au Luxembourg, par exemple, à l'heure de la promenade. Tout le monde a le nez en l'air pour regarder ce qui se passe dans le ciel. Une joie sans mélange règne autour de ces nez levés par la curiosité : nez de l'étudiant de trentième année, nez de l'élégante à face-à-main et de son compagnon assis, jambes pendantes, sur la balustrade, nez du monsieur aux jumelles, nez du petit garçon arc-bouté sur son cerceau, nez du petit chien intrigué de ce qui se passe. C'est une scène de paix profonde, une des rares minutes où l'humanité oublie toutes ses misères pour s'attacher à une vision enchanteresse. C'est, dit M. Albert Guillaume, l'*Heure du Taube*.

Le *Punch* a traité à peu près le même problème psychologique, et la solution qu'il lui donne est une nuance du caractère anglais. Le Zeppelin a passé ; il a jeté une bombe sur le village et, entre autres désastres, a mis en miettes la maison de l'épicier. Mais l'épicier, un vieil homme à lunettes, n'est pas mort. Il prend donc un crayon et sur le dernier pan de mur branlant, il écrit avec application : « La maison est ouverte, comme d'habitude, l'après-midi.... »

C'est que les Anglais et les Français, si différents en tout et en bien des choses si contradictoires, se ressemblent en un point : le mépris de la force brutale, le dédain du fait accompli — dès lors que ce fait blesse leur conscience. Nul peuple au monde n'est moins fataliste que ces deux peuples, moins disposé à s'incliner devant la conjuration des forces humaines ou la conjonction des astres. Nul n'a mieux entendu le *Tu, ne cede malis...* du poète latin. Le Français, auquel on montre une masse prête à l'écraser, s'en moque. L'Anglais ne l'aperçoit même pas. L'esprit, seul, qui anime cette masse les intéresse tous les deux, mais ils l'évoquent au tribunal de leur conscience individuelle et si cet esprit leur paraît injuste ou faux, ils le méprisent, sans plus.

« Qui aurait cru, *old chap*, que la *Marseillaise* irait si bien avec le *God save the king?* » dit un grand diable de *piper* des Scots guards, orné du *kilt* et du béret national, en arpentant une route de France, pipe à la bouche, les rubans de son béret flottant au vent... « T'épate pas, mon vieux », — répond le tambour Bara, qui file à ses côtés, sabots aux pieds et pipe à la bouche, en allongeant ses petites jambes pour rejoindre l'énorme compas de l'*English*, — « T'épate pas, tu en verras bien d'autres ! » On dirait, à voir ce dessin de M. Louis Vallet, qu'on aperçoit l'humoriste français et l'humoriste anglais, si différents qu'ils soient l'un de l'autre, cheminant du même pas.

Mais la caricature anglaise a quelque chose de plus tragique. Où que ce soit, dans le vieux *Punch* ou chez ses deux filleuls : le *Punch* de Melbourne et le *Hindi Punch* de Bombay, dans la *Westminster Gazette* ou le *Bystander*, ou même le *Cape Times* ou

le *Bulletin* de Sydney, sur les plages les plus lointaines et aux latitudes les plus diverses, partout où
un homme de race anglo-saxonne prend la plume
pour tracer un symbole de la Germanie et de la
guerre, on se sent au pays de William Blake et de
Shakspeare. C'est un jet de lumière sur un char-
nier ; il éclaire, il frappe, il ne scintille pas et ne
joue pas. Ce qui a choqué le plus l'humoriste
anglais, dans toute cette affaire, c'est la faillite de
la civilisation, la régression de tout un peuple vers
les sauvageries et les perfidies animales. La guerre
lui fait horreur, mais moins la guerre que la façon
dont on la fait. On ne se sent pas en présence d'un
pacifiste convaincu, mais d'un loyaliste. Le Français caricature le manque d'élégance, le Hollandais
le manque d'humanité, l'Anglais, surtout le manque
de bonne foi. Le *business man*, en lui, ne compren-
dra jamais qu'un souverain ait pu protester sa
signature au bas d'un traité, et le sportif qu'un
général ait violé, pour y gagner, les règles du jeu
de la guerre. Si l'homme a fait quelques progrès,
depuis l'âge de pierre, c'est qu'il s'est entraîné à tenir
sa parole et à lutter, lorsque la lutte est inévitable,
avec le moins de cruauté possible. S'il l'oublie, il
retourne instantanément à la condition de l'anthropopithèque. Les progrès dont il se sert n'y font
rien. Il ne sera pas moins un gorille parce qu'il
connaîtra les propriétés de la nitroglycérine ou de
la balistite, qu'aux jours lointains où il se saisissait
d'un quartier de roche et emmanchait à quelque

branche d'arbre un silex convenablement éclaté. La science, avec ses engins nouveaux de destruction, ne fera que surexciter ses instincts de gorille en leur donnant toute liberté de s'épanouir. C'est ce qu'a très fortement exprimé Will Dyson dans plusieurs de ses *Kultur Cartoons*. Il a imaginé un vieux savant, en pantoufles, un Ostwald ou un Guttman, malingre, souffreteux, tout en cerveau, flottant dans sa redingote et son châle, qui confère avec un anthropopithèque. Celui-ci a le front fuyant et les bras formidables. Et, à la lumière du laboratoire, le cerveau du xxe siècle montre à la brute des temps où les siècles n'étaient pas encore commencés, une fine éprouvette pleine d'une substance mystérieuse et lui dit : « Ensemble, mon cher habitant des Cavernes, nous serions irrésistibles ! » Il semble que la brute ait compris, car elle laisse tomber la hache de silex qui lui servait jusque-là et passe son bras sous le bras du professeur.... Plus loin, nous voyons un chimpanzé, pendu par une patte à un Taube que dirige un autre singe et prêt à laisser tomber les bombes accrochées à ses trois autres pattes, sur une capitale moderne, ses églises et ses musées. Et les deux singes sont coiffés du casque à pointe, et c'est intitulé : *Merveilles de la Science....* Que celle-ci ait fait faillite, ou non, dans sa prétention d'améliorer, à elle seule, l'humanité, c'est ce qui n'est pas en question ici. Mais il semble bien que Will Dyson ait trouvé, là, le symbole qui résume le monstrueux accouplement que nous offre l'Allemagne : la science la plus avancée unie à la plus ancienne barbarie.

Cette barbarie est un des thèmes les plus ordinaires du caricaturiste anglais. Il estime qu'il suffit de la montrer pour provoquer, dans le corps social, la réaction nécessaire. Le *Punch*, de Melbourne, emprunte à Frémiet sa saisissante vision d'un gorille de l'âge préhistorique enlevant une femme, et sur le bras du gorille, il écrit : *Allemagne* et sur les bras de la femme, il écrit : *Civilisation*. Edmund Sullivan, dans son album *La Guirlande du Kaiser*, montre un soldat allemand embrochant un enfant au bout de sa baïonnette et le Kaiser lui-même, donnant le bras à sa fiancée la Mort, qui est en voile de mariée. Des cynocéphales leur jettent des roses et cela s'appelle *Mariage de convenance*.

Des femmes et des enfants viennent d'être massacrés : c'est l'Arménie ; l'Allemand et le Turc tiennent encore le couteau sanglant à la main. Un troisième bandit s'approche : il porte les traits de Ferdinand de Cobourg : « Lorsque je suis venu en Bulgarie, je me résolus, s'il y avait des assassinats, à être du côté des assassins », dit-il, dans le *Punch*. Pareillement, David Wilson, qui a fait toute une suite sur ce sujet, dans le *Graphic*, montre un Prussien, le fantôme du Brouillard et la Mort, qui vont de compagnie. Le Prussien quitte le continent et enfonce une de ses grosses bottes dans l'eau : il part pour quelque expédition. Le Brouillard le précède, le couvrant de ses voiles, la Mort le suit, en lui passant discrètement sa faucille. Il tient à la main une bombe pour les villes sans défense : c'est le raid sur la côte anglaise qui commence. Au loin, sur les plaines qu'il vient de quitter, disparaît la cathédrale de Reims. Et c'est intitulé : *la Réelle Triple-Alliance*. La même horreur de la barbarie inspire les Alliés dans l'autre hémisphère. Dans le *Bulletin*, de Sydney, on voit le Kaiser trônant sur un amas de crânes desséchés, comme ceux que Veretschaguine peignait jadis, après la campagne de Plevna, pour inspirer l'horreur de la guerre. Derrière son trône, un squelette géant, armé du fusil et de la bonbonne aux gaz axphyxiants, le protège de son corps hideux. Devant lui, l'*Épidémie*, décharnée, couverte de pustules, suivie de figures mille et mille fois grossies des bacilles et des microbes, s'incline respectueusement. Et la Maladie dit à l'Empereur : « Salut, maître ! J'en ai tué des dizaines, mais vous en avez tué des milliers ! » Enfin, le *Punch*, de Melbourne, montre une longue théorie de femmes en deuil, pleurant et priant, que leurs enfants, pendus à leurs voiles noirs, tâchent de consoler, et il intitule cela : « Veuves et orphelins *Made in Germany* ».

Mais si l'horreur presque physique des cruautés germaniques a inspiré les symboles anglo-saxons, on sent que le coup brutal, tout seul, n'eût pas soulevé la conscience britannique, comme la déloyauté du prétexte, d'abord, et ensuite l'hypocrisie du but : c'est-à-dire le péché contre l'Esprit.

L'assassinat de miss Cavell a moins blessé l'âme
anglaise que le mot « ce chiffon de papier ». Des
villes entières brûlées lui ont paru un spectacle
moins monstrueux que le *Gott mit uns*. Edmund
Sullivan figure continuellement le Kaiser agitant
le papier où la signature de l'Allemagne garantit
la neutralité de la Belgique et y mettant le feu : le
papier flambe et met le feu, à son tour, à une cor-
beille de papiers pleins d'autres traités qui incen-
dient la mappemonde entière, — et le Kaiser et le
kronprinz s'en vont, d'un pied léger, en fumant
leur pipe allumée à l'incendie universel, ou bien
encore l'Homme au casque pointu patauge dans le
sang de la Belgique, en agitant toujours le traité
en flammes, comme une torche.... David Wilson le
montre en « Empereur de la Paix », des ailes
blanches attachées à ses épaules, des lis blancs
sortant de son fusil : seulement la colombe qu'il
tient au bout du doigt, comme le fauconnier son
gerfaut, prend insensiblement des airs de *Taube*, et
de son bec dégoutte du sang, — tandis qu'à l'horizon
les villes brûlent sous le ciel noir. Le même artiste
évoque, auprès du Kaiser, habillé en amiral, l'ombre de son modèle : l'écumeur de mer du temps
de la reine Elisabeth. Et ce bandit, qui porte encore
le serre-tête tacheté, les larges boucles d'oreilles,
le pistolet du partisan, se croise les bras avec indignation, — car, au loin, une colonne d'eau fuse
sous le chapelet de lumières qui annonce un
paquebot dans la nuit : une torpille vient d'éclater,

— et il dit : « On l'appelle un pirate! On oublie que les pirates, eux-mêmes, jouaient selon les règles du jeu ! »

Et à cela, pas d'excuse! Le jeu a des règles, la civilisation a des lois : il se peut qu'elles soient conventionnelles, mais sans elles il n'y a pas de match, pas de cricket possible, ni de vie en commun dans l'humanité. « Laissez-moi vous expliquer... » dit le Germain au moine qui écrit l'histoire de la Belgique sur le grand livre des siècles, en vue des villes détruites et des populations massacrées. — « Je n'écris pas les explications, mais les faits », répond l'Histoire. Les explications seraient, d'ailleurs, pitoyables. Car si l'on peut violer une convention, sous prétexte que les circonstances ont changé depuis qu'on l'a signée, quel est non pas seulement le traité, mais le contrat, l'acte de vente, la promesse la plus banale ou la plus sacrée qu'on ne puisse, du matin au soir, répudier à plaisir ? Et si c'est une guerre « préventive », que celle qu'on déchaîne contre le monde entier, quand le monde entier incline au désarmement, est-il possible d'imaginer une seule agression que ce sophisme ne justifie ? Caïn a tué Abel, préventivement : qui sait si Abel n'aurait pu inventer quelque arme perfectionnée, un nouveau « silex éclaté », qui lui aurait procuré quelque avantage ? Le loup a tué l'agneau « préventivement » : l'agneau, sous couleur de se désaltérer, avait « repéré » la place du loup, près de l' « onde pure », et allait, peut-être

bien, prévenir les chiens du troupeau.... Il faut se
méfier d'un agneau qui se désaltère.... Enfin, si l'on
appelle « philanthropie » et « humanité » le massacre d'une population entière pour abréger la guerre
et limiter ses horreurs, qu'est-ce qu'on appellera,
dans la langue de Bernhardi, « barbarie » et
« cruauté » ? Mieux vaut, pour l'honneur de la raison humaine, avouer qu'on a frappé parce qu'on
était le plus fort et qu'on a violé les règles du jeu
parce qu'on a pensé que nul ne serait là pour les
faire respecter. Ainsi, on n'ajoutera pas un crime
contre l'Esprit au crime contre l'humanité. Car le
crime contre l'Esprit ne sera jamais pardonné. C'est
ce que signifie une belle planche de Will Dyson,
dans ses *Kultur Cartoons*, intitulé : « La Voix du
Ciel ». Sous un haut portique de Ninive ou de
Thèbes, un Kaiser, casqué, se courbe, se cache, se
sauve ébloui : c'est qu'à travers le portique apparaît un soleil sanglant. Et ce soleil grandit,
s'approche, éclate, entouré de millions d'anges, les
anges à peine perceptibles, dans la lumière qu'on
voit au *Paradis* de Gustave Doré : — et de toutes
ces splendeurs, une voix, la voix du Ciel, répond
au paradoxe de l'avorton chétif : « *Notre loi ne
connaît pas de nécessité* ».

L'invoquer, au même moment qu'on transgresse
sa loi, est un pharisaïsme intolérable. Ce sentiment,
que nous verrons admirablement exprimé chez les
Neutres, notamment par Raemaekers, anime cons-
tamment l'artiste anglais ou australien. Le *Bulletin*,

de Sydney, montre la horde allemande passant devant un crucifix, piétinant des cadavres de femmes, portant des corps d'enfants embrochés à leurs baïonnettes, brandissant des bouteilles de champagne, jetant devant eux des gaz empoisonnés : « En avant, soldats chrétiens ! » dit la légende. Et, une autre fois, c'est le Christ qui paraît, au milieu d'eux, portant sa croix, sous les doubles étendards de l'aigle allemande et du croissant, conduit pour la seconde fois au Calvaire. « Jérusalem, Samarie et le mont des Oliviers sont transformés en champs d'exercice pour les soldats turcs sous la direction des Allemands et, au Golgotha, des cibles ont été dressées pour apprendre aux Turcs à tirer sur les chrétiens. » C'est pourtant dans une église que David Wilson représente toutes les fortes têtes de la Germanie, réunies, en foule compacte, chantant pieusement et comme une chose agréable à Dieu l'*Hymne de haine*, le *Gott strafe England*, qui a remplacé pour les théologiens de là-bas, les Deissmann et les Dryander, le *Pax in terris* des Anges de Bethléem. Enfin, une image du *Cape Times* résume le crime, tous les crimes, dans une vision saisissante, — saisissante, au moins, pour les peuples anglo-saxons, à qui la *Chanson du vieux marin*, de Coleridge, est familière. Le pont d'un navire, sous le ciel noir ; un albatros y gît, transpercé d'une flèche ; un marin, armé d'une arbalète, le regarde, épouvanté de ce qu'il a fait... « Et il a fait une chose infernale. Et cela *leur* portera malheur ! » Et l'albatros est la Paix

de l'Europe, et sa flèche est la Guerre, et le marin
est Guillaume II.

D'où viendra le châtiment? — « Du Peuple »,
répond Bernard Partridge, dans le *Punch*. C'est la
vieille idée anglaise, qui est aussi bien française
que latine : en appeler du chef coupable au Peuple
qui, nécessairement, est abusé et trahi. « Si le
Peuple savait ! » dit-on aujourd'hui, dans les pays
démocratiques, comme on disait jadis : « Si le Roi
savait ! » car l'on ne doute pas que, sachant, il ne
punisse les coupables. L'humanité n'a fait que
changer de rêve. Le Kaiser est dans son cabinet,
penché sur ses cartes de guerre ; il a entendu un
léger bruit, il s'est redressé et regarde : une sombre
figure de femme est là, derrière le rideau, en haillons, coiffée du bonnet phrygien; elle tient une
torche, la main basse, et sur la fumée de cette
torche, on lit *Révolution*. Ou bien le Kaiser, toujours
assis devant ses atlas, levait son verre pour boire :
« Au jour... » mais avant qu'il ait pu achever son
toast, une main, la main d'un spectre horrible, l'a
saisi au poignet, et, lui montrant un gibet prêt, avec
le bout de la corde qui s'y balance, le spectre termine
ainsi le vœu : « ... du Jugement! » Même sort attend
Ferdinand de Cobourg, toujours d'après le *Punch*.
Il s'avance, à pas prudents, le long d'une ruelle, le
couteau à la main, pour entrer dans la rue de la
Serbie et y faire son coup, mais il est inquiet, car
dans l'ombre d'une voûte, sur ses traces, se glisse
un homme armé d'un couteau semblable, et sur le

manteau de cet homme qu'il ne voit pas, nous lisons ce mot : *Révolution*. En attendant, la voix des Peuples le condamne, sur tout le globe, et le *Bulletin*, de Sydney, montre le Teuton, revenu à l'âge de bronze, nu, musclé, hagard, qui fuit, sa lance homicide à la main, lapidé par une foule furieuse : c'est une vision comme celles que nous donnait jadis M. Cormon. Voilà l'*Ismaël des Nations*, dit le journal australien, et il ajoute : « Et ce sera un homme sauvage et il sera l'ennemi de tout homme et tout homme sera son ennemi ».

Tel est le caractère général de la caricature anglaise. Mais elle ne se tient pas toujours à cette hauteur biblique. Elle ne s'indigne pas toujours contre la force; elle raille aussi la faiblesse : faiblesse militaire, faiblesse diplomatique. Que les légions du Kaiser n'aient pas pu triompher de la « misérable petite armée du général French » et que cette armée soit devenue la grande armée de Kitchener, c'est un échec allemand à commémorer. Et l'on a vu l'Empereur et son fils observant, à la lorgnette, le lion britannique, qui leur paraît gros comme un rat, — mais ils avaient regardé par le mauvais bout de la lorgnette et le lion bondit sur eux, formidable. Ils avaient cru pouvoir aller à Calais : ils n'y sont jamais parvenus. Et l'on voit dans le *Punch*, le Kaiser en grand costume de général et gants blancs qui chante au milieu de son état-major, un vieux refrain de music-hall, qu'il a ainsi rajeuni : « Y a-t-il quelqu'un qui aurait vu

Calais? » Et tous les autres généraux, appuyés sur leurs sabres, l'air dolent et désespéré, reprennent en chœur : « Y a-t-il quelqu'un qui aurait vu Calais? » L'*Impérial Comique* (c'est le nom irrévérencieux que le *Punch* lui donne) se dédommage avec l'empereur François-Joseph. « Comme nos armes font de bonne besogne! » lui dit le vieillard, un peu titubant, et l'autre, redressant les pointes de ses moustaches : « En effet! A propos, j'apprends que vous êtes en guerre avec l'Italie. Avez-vous des nouvelles de ce front? » De plus, le parti qu'a pris jusqu'ici la flotte allemande de ne point affronter la haute mer réjouit trop l'Angleterre pour que, dans le *Tattler*, le caricaturiste n'ait pas trouvé son symbole : c'est un bouledogue provocant d'une part, et, de l'autre, un chien enfoncé dans sa niche et qui n'ose sortir. Et le chien à la niche est l'Allemagne, et le bouledogue est l'Angleterre. Enfin, le sort des colonies allemandes est admirablement résumé dans ce dessin du *Passing Show* : nous sommes dans le bureau du ministre des Colonies, à Berlin ; la porte est fermée, le silence profond. Dans un fauteuil, dort paisiblement, la casquette enfoncée jusqu'aux oreilles, les mains jointes sur son ventre, un fonctionnaire sans fonction. Sur le mur, en effet, le planisphère, où l'araignée a suspendu son fil, porte de nombreuses étiquettes collées sur les colonies allemandes, et portant ce mot : *perdu*. Il y a *perdu* sur Kiao-Tchéou, *perdu* sur le Togo, *perdu* sur la Nouvelle-Guinée et les îles de la

-mer du Sud, *perdu* sur le Cameroun, *perdu* sur le Sud-Ouest africain, *en train de se perdre* sur l'Est-Africain.... Partout, les araignées tissent leur toile, les rats rongent le tapis et font cent tours, la tapis-serie se décolle et pend lamentablement. Le fonc-tionnaire ne se réveille pas pour si peu : c'est le sommeil heureux du bureaucrate, dont le droit au repos est désormais hors de conteste.

Les échecs diplomatiques de l'Allemagne n'ont pas moins excité la verve des Anglais que ses échecs militaires. Deux dessins du *Punch*, surtout, sont admirables et méritent d'être retenus. Le premier a trait aux négociations avec l'Italie, avant l'entrée de celle-ci dans l'Entente. Un bersaglier, qui accuse une vague ressemblance avec le roi Victor-Emma-nuel, écoute distraitement et d'un air fort détaché les propos que lui tient le Kaiser, en le tirant par la manche. Tout bas, pour ne pas être entendu par un oiseau couronné qu'on voit au loin sur son per-choir et l'œil fixé sur les plumages du bersaglier, le tentateur lui dit : « N'auriez-vous pas besoin encore de quelques plumes? Je connais un aigle à deux têtes.... » Si Bismarck était encore là, tout cela ne serait pas arrivé! se disent bien des gens en présence de ces erreurs. C'est le sujet du second dessin du *Punch* : le *Navire hanté*. Pour le com-prendre, il faut se souvenir d'un autre dessin paru dans le même journal, vingt-cinq ans auparavant. C'était après le renvoi du chancelier de fer par le jeune Empereur. Le monde entier était surpris de ce qu'il considérait comme un acte d'ingratitude et d'imprudence. Alors, dans le *Punch* du 29 mars 1890, on vit ceci : un marin de haute stature, triste, vieux, mais vigoureux encore, descend, lentement, l'échelle d'un navire de haut bord, la main gauche tâtant encore la paroi du vaisseau qu'il a longtemps guidé, et ce marin a les traits de Bismarck. Penché au haut du bastingage, un jeune souverain le regarde partir. L'impression produite fut immense. Le *Punch* s'en est souvenu et, dans un de ses récents numéros, il a figuré le même navire et, sur le même bastingage, le même souverain, couronne en tête, mais combien vieilli, lui aussi, et les yeux agrandis par la terreur. Que voit-il donc ? Près de l'échelle que descendait Bismarck il y a vingt-cinq ans, un canot vient d'accoster, une ombre épaisse et lourde en est sortie et a gravi lentement les premières marches, et ce fantôme, qui a une casquette et de grosses bottes, ressemble étrangement au vieux pilote autrefois congédié, dans la présomptueuse insolence des jours de la jeunesse, et il murmure : « Cela m'étonnerait, s'il me chassait maintenant !... »

Les ombres des morts reviennent parfois dans les caricatures, pour raisonner sur ce que font, après eux, les vivants. Que diraient-ils s'ils voyaient ce que nous voyons ? s'ils savaient où conduisait la route qu'ils ont faite avec nous ? Lequel d'entre eux serait sans surprise ? Lequel, sans reproche ? La *Westminster Gazette* a évoqué les ombres de lord Salisbury et de Gladstone, ces deux adversaires d'antan, mis dans le pays où il n'y a plus d'adversaires, ni de temps, et l'ombre de Salisbury demande à celle de Gladstone : « A quoi pensez-vous ? » — « A la Bulgarie ! répond Gladstone, et vous ? » — « A Héligoland ! » C'est un des rares exemples où les Anglais se caricaturent eux-mêmes. Un autre, emprunté au *Bulletin*, de Sydney, est également saisissant. L'artiste a voulu stigmatiser l'attitude de ceux qui refusent le service obligatoire. Il a représenté une galère antique où rament de jeunes et robustes Anglais enchaînés. Un Teuton sauvage, aux longues tresses, leur laboure les épaules de coups de fouet et, sous le dessin, on lit ces mots : « La fin des indolents. Ils ont préféré l'esclavage à la conscription ».

Indignation contre le crime, raillerie des échecs de l'ennemi et de ses propres faiblesses, cela ne suffit pas au *Punch*, qui se souvient encore, au milieu des horreurs de la guerre, qu'il doit à ses lecteurs de les faire rire, ou au moins sourire, et qu'il s'appelle le *Charivari* de Londres. Il a eu, pour son premier numéro de 1916, une idée fort ingénieuse. Il a imaginé qu'il était soumis à la censure impériale allemande et qu'ainsi texte et dessins devaient être modifiés selon l'humour germanique. La couverture même, fameuse depuis les temps de Lemon, a subi quelques améliorations. Le Polichinelle bossu et ventru qui se grattait le nez a été remplacé par le Kaiser qui redresse ses moustaches ; le roquet anglais, par un basset allemand qui fait le beau ; le

lion britannique, qui souriait sur le chevalet de
Master Punch, tourne le dos et fuit honteusement
devant son nouveau peintre; la Bacchanale qui errait
sur le soubassement ne montre plus le triomphe de
Bacchus-Punch, mais du Kronprinz ; le tambourin
où frappe un petit génie rend le son : *à Calais!*
et l'ophicléide où souffle un génie ailé : *Gott strafe
England!* cependant que des cornes d'abondance,
devenues de gigantesques saucisses, sortent des
légions de petits « boches » éperdument amusés
par ce triomphe de l'esprit germanique. Il a imaginé,
ensuite, ce qui arriverait *Si le Kaiser devenait le
directeur du Punch*, et notamment ce que serait le
dîner des rédacteurs du journal. La scène est trucu-
lente et digne d'Hogarth. C'est vraiment une belle
fin de repas de corps. Les convives se tiennent assez
bien : un seul a mis sa botte sur la table, mais tout
le monde, comme il convient, parle à la fois : « Regardez ! des ballons ! » dit le comte Zeppelin en
montrant des cercles de fumée qu'il tire de sa pipe.
« Je suis un sous-marin : voyez mon périscope ! »
dit l'amiral de Tirpitz, en sortant de dessous la
table et en montrant un bock posé sur son crâne
dénudé. Il rit; mais cela ne fait pas rire M. de Bethmann-Hollweg, qui a le vin triste et lui crie : « Ces-
sez, Tirpitz, ce n'est pas drôle ». Dans un coin, le
roi Ferdinand de Bulgarie tâche de réveiller le
Sultan, endormi, par ses joyeux propos : « Courage,
Mahomet, à nous deux, nous lancerons un *Punch*
balkanique ! » Le prince Henri de Prusse chante à

tue-tête et l'Empereur, debout, les bras croisés, furieux, clame : « L'humour allemand au-dessus de tout! » — ce que, d'ailleurs, nul n'écoute, sauf le D' Sven Hedin qui applaudit et s'écrie : « Oh! Guillaume, vous êtes un homme étonnant. Vous auriez dû être lama! » En vérité, quand on songe à tous les rôles qu'il joua, jadis, avant de débuter dans la tragédie, cela semble presque une satire des temps de paix. Chez les autres pays alliés, la caricature a été moins active. Pourtant, la *Mucha*, de Varsovie, le *Numero*, le *Pasquino* et l'*Asino*, en Italie, donnent fréquemment des images dignes d'être retenues. Telle, cette satire parue dans la *Mucha*, en 1914, lorsque les Allemands voulant déborder notre aile gauche, montèrent, montèrent indéfiniment vers le Nord. Nous sommes en Amérique, devant les chutes du Niagara. L'oncle Sam, gigantesque, avec sa queue de pie et ses gros souliers traditionnels, se penche, fort intrigué, sur une armée de myrmidons qui traverse le fleuve. Il reconnaît, soudain, le casque à pointe, et s'écrie : « Qu'est-ce que c'est que tout ça? L'armée allemande? D'où sortez-vous?» Campé sur son cheval, le général de Dummerjahn lui répond : « Depuis trois semaines, nous faisons un mouvement enveloppant sur l'aile gauche des Alliés et cela nous a conduits ici. Maintenant, les Alliés ne nous échapperont sûrement pas. »

L'expédition d'Égypte inspire à la même *Mucha* une satire semblable. Tous les sphinx se mettent à rire, de toutes les fentes et les crevasses de leurs pierres millénaires et les Arabes s'écrient : « O Allah ! qu'est-ce qui est arrivé ? » — « C'est, répond le Sphinx, que les Allemands veulent conquérir l'Egypte à travers le désert de Libye. Il y a de quoi faire rire même les pierres! » De même, la campagne de Russie lui paraît un accès de folie. Elle représente un Napoléon regardant à la loupe un tout petit Guillaume II, lilliputien, qu'il a pris dans le creux de sa main : « Et ce pygmée a le toupet de prétendre me remplacer! » dit l'Empereur, « la seule ressemblance sera que son Waterloo arrivera juste un siècle après le mien. » L'ironie de l'artiste slave est parfois plus amère. Dans un de ses derniers dessins, il montre le Kronprinz, en déshabillé, armé d'une loupe, lui aussi, afin de mieux examiner les objets d'art et les pendules dont il fait l'inventaire. Pourtant, c'est le jour où l'on célèbre l'anniversaire des Hohenzollern. « N'êtes-vous pas encore prêt? Les invités sont tous arrivés », lui dit son père, en grande tenue, indigné. — « Laissez-moi seul, répond le jeune homme. Au lieu de me réjouir au cinquième anniversaire des voleurs de notre famille, je préfère jouir de la collection que j'ai moi-même réunie, en une seule année, par ma propre industrie. »

Ou bien encore, on voit Mars, dieu de la guerre, devenu un général allemand qui dit à la Mort, un peu lasse de faucher sans cesse : « Dis donc, tas d'os, ne fais pas attention à ce que j'ai dit de mon intérêt pour les Polonais. Coupe-les, fauche-les, sans pitié. Je ne me soucie pas qu'il reste des gens vivants sur le sol, mais dans ce sol, je dois préparer un terrain libre pour les immigrants qui arriveront du pays natal. »

En Italie, la caricature, d'abord neutre puis alliée, est beaucoup moins amère. Elle est aussi moins saisissante du point de vue graphique. La légende y est toujours très supérieure au dessin. Le peuple le plus fin du monde n'est jamais à court d'esprit, mais son art, toujours orienté vers le Beau, n'a jamais condescendu à s'appliquer aux menues besognes de la catagraphie. C'était vrai déjà du temps de Léonard, dont les caricatures sont de simples « charges » et n'ont rien de psychologique. Les peuples et les époques d'art idéaliste ne connaissent point la caricature fine et nuancée : elle n'apparaît que chez les peuples et aux époques d'art réaliste.

Toutefois, l'idée satirique suffit pour rendre son signe précieux. Telle est celle des deux rats figurés par le *Pasquino*, de Turin, dans les premiers jours de guerre. C'est le *Rat de Paris et le Rat de Berlin*, en face l'un de l'autre, des deux côtés du Rhin et songeant aux invasions et aux sièges futurs : « Lequel de nous aura l'honneur de servir de comestible ? » Lorsque, plus tard, il est question, pour l'Italie, de prendre part au conflit, le *Numero*, de Turin, résume ainsi l'attitude de l'Allemagne. Un Prussien tient dans sa main une marionnette qui a la tête d'un Turc et, de ses doigts cachés sous la figurine, lui fait manœuvrer un sabre de bois, le tout pour effrayer la pauvre petite Italie, encagée sur sa chaise, par la *neutralité*. L'enfant, apeurée par le pantin, serre craintivement sa chère petite poupée *Libye*, sur son cœur. Et le Prussien lui dit : « Bu! Bu! Bu! tu vois comme il est méchant? Si tu n'es pas gentille, il mang ra ta poupée ».

Mais l'Italie n'a pas eu peur de la menaçante baudruche et tous ses crayons satiriques, maintenant, sont tournés contre l'Allemagne. Un des plus acérés est celui de l'*Asino*, de Rome. Il a parfaitement retracé, en quatre tableaux, la folie mégalomane qui a déchaîné cette guerre. Cela s'appelle *les Discours du Kaiser en* 1915. Dans le premier tableau, on voit un grand Kaiser et un tout petit Père Éternel, enchaîné à sa fortune, tenant dans sa main une petite boule, qui est le monde. Nous sommes au mois de janvier et l'Empereur, brandissant une épée gigantesque et sanglante, s'écrie : « A moi seul je déferai le monde! » En mars, il ajoute : « Naturellement avec l'aide de Dieu » et son vieux Dieu allemand a un peu grandi. « Cela va mal : ce n'est pas ma faute! » s'écrie-t-il en juin et désignant le Père Éternel fort embarrassé du globe qu'il lui a mis sur les bras. Enfin, en décembre, le Kaiser est tout petit, estropié, le « vieux dieu allemand » gigantesque et désolé : « C'est sa faute! » crie le Kaiser. Hélas! ce léger croquis de l'*Asino*, c'est l'éternelle attitude de l'homme en face de la Providence.

CHAPITRE II

EN ALLEMAGNE

L'Allemagne, en 1914-1916, a-t-elle été en guerre avec la France ? Un archéologue, qui n'aurait pour se guider, dans quelques milliers d'années, que les caricatures allemandes, — comme il arrive aujourd'hui qu'on ne possède, sur un événement de l'ancienne Égypte, qu'une suite de dessins sur un papyrus, — pourrait se poser la question. Non que les feuilles satiriques d'outre-Rhin se soient désintéressées de la guerre. Tous les crayons ont été mobilisés sur-le-champ, toutes les plumes et tous les pinceaux, des *Lustige Blaetter* et du *Kladderadatsch* de Berlin à la *Jugend* et au *Simplicissimus* de Munich. Pareillement, la *Muskete* et le *Kikeriki* de Vienne et d'autres moins célèbres, comme la *Ulk* de Berlin et le *Wahre Jacob* de Stuttgart et même le *Brummer*, ont donné. Tout ce qu'on peut inventer de drôle, sur les bords de la Sprée, a été réquisitionné par l'autorité supérieure, et, aussi, ce qu'on peut imaginer de tragique pour épouvanter l'ennemi : les fantômes au gantelet de fer, un peu démodés depuis *les Burgraves*, les diables

cornus du temps de Grünewald ou de Martin
Schongauer, les vieux dieux sont sortis de
leurs obituaires; Breughel et Albert Dürer, eux-
mêmes, ont été appelés à la rescousse. Depuis le
début de la guerre, c'est un feu roulant de sarcasmes et de quolibets, de menaces apocalyptiques,
ou le gros rire alterne avec le susurrement de la
calomnie, — ce que les Anglais, qui suivent de
très près ces manifestations de l'esprit teuton,
appellent « l'Évangile de la Haine », ou « l'Humour
des Huns », ou les « Gaz empoisonnés pictoriaux ».

Mais contre la France, on ne trouve presque rien.
Çà et là, dans la foule des Alliés on aperçoit le
bonnet de Marianne, ou le képi du généralissime,
ou le haut de forme du Président de la République,
mais on ne voit point clairement qu'ils aient à
lutter contre l'Allemagne. Bien mieux, on pourrait
croire, parfois, que c'est contre l'Angleterre. Dès
novembre 1914, un cuirassier français, blessé, tra-
versait les *Lustige Blaetter* en s'appuyant sur son
sabre. Il rencontrait Jeanne d'Arc en vue de la
cathédrale de Reims et lui disait : « Chère Jeanne
d'Arc, reviens et chasse ces maudits Anglais hors
de France![1] » Un peu plus tard, dans les premiers
mois de 1915, on voyait dans la même feuille ce

1. Toutes ces légendes et les caricatures qui les illus-
trent ont déjà été signalées, traduites et reproduites par
les Anglais eux-mêmes dans leurs journaux ou leurs magazines, notamment dans la *Review of Reviews*, ou bien
ont paru dans des magazines américains circulant en
Angleterre.

tableau de genre intitulé *John Bull à Calais* : un énorme officier anglais, casquette enfoncée jusqu'aux oreilles et pipe vissée au coin de la bouche, s'est installé dans un salon français meublé dans le goût du xviiie siècle. Il a calé l'essentiel de son personnage dans un canapé et il ne lui faut pas moins de deux fauteuils Louis XV pour étendre ses grandes jambes entortillées de *leggins*. « Mon Dieu ! s'écrie une jeune femme élégante, coiffée du bonnet phrygien, qui apparaît à la porte, je crois que cette brute a l'intention de rester avec moi toute la vie ! » Et, par un raffinement d'ironie, qui a dû coûter bien des méditations à l'artiste berlinois, mais en revanche lui a donné une joie bien douce en songeant aux amertumes où il nous plongerait, dans un coin, sur un socle, on aperçoit un objet d'art, qui n'est autre qu'une réduction d'un des *Bourgeois de Calais*, de Rodin....

Aussi, Marianne se fâche et le *Wahre Jacob*, de Stuttgart, nous la montre, en cotillon court et souliers plats, qui fait voler toute sa vaisselle dans la direction d'un groupe d'invités, anglais ou russes, en criant : « Sortez, vous autres, sans quoi ma belle France sera ruinée ! » En attendant, les profonds symbolistes de Munich, qui dessinent à la *Jugend,* estiment que la pauvre France est en grand danger de mort. Ils la représentent enveloppée par les pattes filamenteuses et perforée par les suçoirs immondes d'une gigantesque araignée, laquelle a déjà saigné toute la pauvre Belgique, qui pend au bout du fil, exsangue, et cette araignée monstrueuse, buveuse du sang de deux peuples et toujours inassouvie, — ne pensez pas que ce soit l'Allemagne, non! non! cherchez ou plutôt ne cherchez pas plus longtemps : c'est l'Angleterre! C'est l'Angleterre, on ne peut en douter aux trois croix superposées qui la ceinturent et, d'ailleurs, son nom est lisiblement écrit sous le symbole. Après cela, rien d'étonnant si la *Muskete*, de Vienne, a cru apercevoir la scène suivante : un soldat français et un écossais reconnaissable à son *kilt*, prisonniers de guerre, tous deux, s'injurient, derrière les fils barbelés, se montrent le poing en grinçant des dents, tandis que deux paisibles Poméraniens les retiennent et cherchent à les calmer par cette douce perspective : « Attendez quelques semaines, mes amis, et vous serez obligés de vous battre l'un contre l'autre, par vos propres gouvernements ».

C'est que, sans se priver absolument de nous décocher quelque épigramme, l'artiste allemand a toujours devant les yeux cet unique but : l'Angleterre. C'est la grenouille de ce jeu de tonneau. D'abord, c'est l'Angleterre qui a voulu la guerre. C'est un axiome. Sir Edward Grey, aveugle conduisant d'autres aveugles, les chefs d'État alliés, les a précipités dans cet abîme, et le *Simplicissimus* s'est souvenu, à ce propos, de la toile fameuse de Breughel. Le pied lui glisse dans le sang et le malheureux John Bull s'accroche désespérément au globe qu'il a ainsi rendu inhabitable : il tombe ainsi que les gouttes pourprées qui suintent de l'Europe égorgée, dans une estampe du *Simplicissimus* en noir, blanc et rouge et il crie : « Malédiction ! le sang est plus glissant que l'eau ! »

Il bat la générale, sous la forme d'un squelette à gros ventre, pipe à la bouche, et la caisse en bandoulière et il appelle les hommes aux armes : « Pour chaque heure de service, un shilling ! Pour chaque cadavre, un dollar ! » répète le tambour de la *Jugend*. « Il a le mauvais œil ! Nous savons cela depuis longtemps », dit la *Ulk* en représentant la tête de sir Edward Grey, et, en effet, l'on voit que dans les yeux, les pupilles sont remplacées par deux petites têtes de mort. D'ailleurs, l'homme d'Etat anglais est le plus visé, ridiculisé, déformé, stigmatisé des adversaires de l'Allemagne. Aucun de nos compatriotes ne peut prétendre, même de bien loin, à un tel honneur. Après être apparu en aveugle conduisant des aveugles, le voici transformé en harpie posée sur les ballots de l'industrie et du commerce allemands, en hibou, qu'offusque la lumière du Croissant turc, dans le *Kladderadatsch*, en négociant en têtes de mort, sous la firme *Albion and C°*, avec ce titre : *Le gardien de la loi internationale* et ces mots : « La guerre est une affaire comme une autre ». Si le roi des Belges se présente à lui, en voyageur, la valise à la main, et lui demande assistance en lui disant : « Rappelez-vous que j'ai tout perdu pour vous », sir Edward Grey lui répond : « Vraiment ! eh bien, quand vous

aurez encore quelque chose à perdre, je m'inté-
resserai à vous. Mais maintenant!... » ou si c'est le
roi de Serbie, qui vient lui dire : « Votre très gra-
cieuse seigneurie m'a fait demander. Comment
puis-je vous êtes utile, sir Grey? » l'homme fatal,
enfoncé dans son fauteuil et ses remords, répond :
« Votre armée, roi Pierre, ne peut plus nous être
d'aucune utilité, mais vous pourriez me recom-
mander un couple d'assassins ». Et si l'on regarde
attentivement les détails de cette planche, qui a
paru dans la *Jugend*, on remarque, sur la table du
diplomate, un dossier sur lequel sont écrits ces
mots : *Casement*, *Findley*, plus loin, un revolver,
enfin, une photographie entourée de lauriers, portant cette dédicace : *Princip*. Ces menus accessoires font allusion à une histoire d'assassinat où
les Allemands ont voulu impliquer le ministre d'Angleterre en Norvège et au drame de Serajevo.
L'énormité de ces falsifications historiques montre
assez la naïveté sans bornes du peuple qui s'en
nourrit. Sans doute, il ne faut point croire à la
bonne foi des historiens. Il y a des pince-sans-rire
à Munich. Mais la foule n'absorberait pas indéfiniment cette nourriture si elle la croyait frelatée. La
transformation du plus pacifiste des diplomates en
un vampire altéré du sang humain est opérée, sans
aucun doute, de concert avec le sentiment public
en Allemagne. Et cela prouve combien l'esprit critique est chose différente de l'instruction ou de la
« culture ». Le peuple qui se targue d'avoir l'une et

l'autre au plus haut point jusqu'ici, est aussi celui qui prend le plus aisément des concombres pour des violons.

Donc, c'est l'Angleterre qui a voulu la guerre. Comment est-il possible, qu'au xxe siècle, une nation tout entière se décide à aller au-devant de la mort? C'est qu'elle n'y va pas.... Elle fait la guerre avec le sang des autres. Voilà ce que veut dire l'étrange image de l'araignée Albion suçant le sang de la France, après avoir sucé celui de la Belgique. Lord Kitchener, dans la *Muskete*, de Vienne, prononce un discours devant la table ronde où s'est réuni le Conseil de Guerre des Alliés, et quel est ce discours ? « L'Angleterre attend que chacun : Belge, Français, Russe, Japonais, Serbe, etc., fasse son devoir ! » En effet, trois haleurs, dans les *Lustige Blaetter*, tirent à grand'peine un bateau, chargé de marchandises, où se prélasse John Bull, et ces pauvres diables sont un Russe, un Belge que la fatigue jette à terre et un Français. Les choses tournent fort mal pour les Alliés : il n'en a cure et voici, dans le *Wahre Jacob*, une image du déluge : les eaux ont tout envahi, sous le ciel noir, seul un piton émerge encore, où voudraient bien se hisser le Français, le Russe, l'Italien et les autres près d'être engloutis, mais le roc est escarpé, glissant et ils luttent vainement pour s'y agripper. John Bull, lui, confortablement assis sur le sommet, fume sa pipe. Au loin, l'arche de Noé, — sa marine, — vogue et le tirera toujours d'affaire. Les

neutres ne sont pas plus épargnés. John Bull, toujours la pipe à la bouche et les mains dans les
poches, leur marche sur les pieds à tous : l'Espa-
gnol, l'Italien (c'était avant l'entrée en scène de
l'Italie), l'Américain et le Hollandais : « Combien
de temps laisserez-vous cette brute marcher sur vos
cors? » demandent les *Lustige Blaetter*.... Ainsi,
l'égoïsme de l'Angleterre égale sa cruauté.

Les deux sont surpassées encore, dans l'esprit
des Allemands, par son incapacité militaire. Cette
« nation de boutiquiers » a voulu la guerre et elle
est incapable de la faire. Elle n'a pas de soldats,
et pour s'en procurer elle est obligée aux plus humi
liants stratagèmes. Son roi lui-même, son ministre
de la Guerre en grand costume, couronne en tête
et hermine aux épaules, ses magistrats, ses évêques,
s'en vont, avec des drapeaux, le long de la Tamise,
selon la *Ulk*, et s'ils rencontrent un voyou, assis sur
la margelle en train de pêcher à la ligne, sans
prendre garde qu'il est patibulaire et bossu, ils
joignent les mains, s'agenouillent et en chœur :
« Votre Roi et votre Pays ont besoin de vous. Ne
voudriez-vous pas, *s'il vous plaît*, vous engager?... »
Si le voyou résiste, ils ne craignent pas d'argumen-
ter avec lui. « Ne voulez-vous pas vous engager?
Les choses vont au mieux pour l'Angleterre », dit
Kitchener à un ignoble drôle, qu'il rencontre au
coin de Hyde Park. « Alors vous n'avez pas besoin
de moi », dit l'autre. « Non, vous ne m'avez pas
compris. L'Angleterre court les plus grands dan-

gers. Il faut vous enrôler tout de suite. — Non, dans ce cas, c'est trop dangereux pour moi », rétorque le drôle. Mais on le rattrapera d'une autre manière. Le même *Simplicissimus* nous montre un cambrioleur surpris par un policeman, durant une opération nocturne de « reprise individuelle ». Son ignoble face, clignotante sous le jet livide de la lampe sourde, sue la peur de la prison ou de la potence, mais il est vite rassuré et réchauffé en son cœur d'Anglais par ces paroles éminemment patriotiques : « Venez, Kitchener a besoin de vous! » C'est de semblables recrues qu'est formée l'armée nouvelle, pense-t-on à Berlin. Aussi faut-il prendre avec elles quelques précautions et la *Ulk* nous montre comment on les conduit au feu. Ces gens sont encagés dans des cellules roulantes comme les bêtes fauves d'une foire, le boulet aux pieds, et, poussés par des policemen, ils tirent, à travers les barreaux de leur cage. Cette image est intitulée : *L'Armée de Kitchener* et accompagnée de cette légende : « Les condamnés font le reste de leur peine sur le front ».

Toutefois, et pour nombreux que soient les cambrioleurs ou les assassins en Angleterre, ils ne suffisent pas à lutter contre l'Allemagne. Alors, on fait appel aux colonies. Un kangourou s'élance sur une page de la *Ulk*, intitulée : le *Dernier espoir de l'Angleterre*. Un kangourou, cela ne paraît pas bien dangereux, mais regardez bien : dans sa poche abdominale, il loge deux petits soldats en béret écossais, qui, clignant de l'œil, visent l'ennemi, et cela s'appelle l'*Australie sur le front*. On descendra plus loin encore dans l'échelle des êtres : *Après la chute de Maubeuge*, dit le *Simplicissimus*, voici l'Anglais fort désemparé, meurtri, qui parlemente avec des nègres féroces. « L'orgueilleuse Albion a encore une ressource pour l'aider, elle et ses alliés. Elle mendie l'appui des Basutos et leur chef Billy-Billy promet de débarquer à Marseille avec cinq cent mille hommes. » Il en vient de partout des Boschimans et des Magris, des Achantis et des Botocudos. C'est avec cela que le pays de Bacon et d'Herbert Spencer défend la civilisation et la pensée libre. Hourra! voici les noires légions du désert, qui vont dévorer à belles dents les professeurs d'Iéna ou de Tubingue. En attendant, une négresse, restée seule au logis, réconforte ses petits négrillons, tout en préparant son couscous, par les paroles suivantes : « Papa est parti pour l'Europe pour protéger les gentils Anglais contre les sauvages. Si vous êtes bien sages, peut-être qu'il vous rapportera un joli beefsteak d'Allemand. » Après cela, quoi d'étonnant, si même au fond de la forêt tropicale, les orangs-outangs, les mandrills et les chimpanzés sentent comme un remords de ne pas voler au secours de la mère patrie! « Quoi! n'avez-vous pas de honte de ne pas vous battre pour l'Angleterre contre l'Allemagne? » dit une femelle à son mâle à croupetons sur une branche d'arbre, tout en cueillant des noix de coco.... Et le *Simpli-*

cissimus intitule triomphalement cette dernière planche : « *Les troupes anglaises d'outre-mer* ».

Malgré ces honteux auxiliaires, l'Angleterre est affolée. L'humoriste d'outre-Rhin ne se tient pas de joie en songeant aux blessures que lui infligent les sous-marins allemands. C'est un sujet inépuisable de gaieté pour lui que la vue du Neptune britannique, jadis « tranquille et fier du progrès de ses eaux », béatement endormi dans la sécurité de son omnipotence, qui se sent tout à coup pincé, lardé, troué sous l'eau par une foule d'espadons, et pousse des cris de douleur : — et c'est un spectacle que la *Jugend* ou le *Kladderadatsch* s'offrent le plus qu'ils peuvent. Leurs lecteurs ont l'esprit assez ouvert par la haine pour comprendre que les *espadons* figurent, ici, les sous-marins qui surprennent la marine anglaise là où elle ne songeait pas à se défendre. John Bull, épouvanté, finit par grimper sur le sommet de son île, minuscule rocher, autour duquel passent et repassent, plongent et émergent des sous-marins qui ont des gueules de requins. Cela s'appelle : *Isolement splendide*. Il ne craint pas seulement pour ses jambes : il est fort effrayé de ce qui se passe au-dessus de sa tête et le *Simplicissimus* nous montre la foule de Trafalgar Square prise de panique à la vue d'un Zeppelin.

La fin de tout cela, c'est que le roi George et M. Poincaré, selon les *Lustige Blaetter*, seront obligés d'endosser des scaphandres pour faire, au fond des abîmes de l'Océan, la prochaine revue de leurs flottes, parmi les madrépores, et qu'un Tommy tombé en enfer, conduit par des démons et mordu par les molosses de Satan, sur le gril éternel, s'écrie : « Pas de Zeppelin, ici, pas de canons Krupp! Pas de sous-marins! Je suis au ciel! »

L'affolement de la « perfide Albion » ne vient pas seulement de ses désastres sur la mer, mais aussi de la Révolution chez elle ou dans ses colonies. Tous les humoristes allemands ont concouru sur ce thème. Le *Kladderadatsch*, les *Lustige Blaetter*, la *Ulk*, le *Simplicissimus* et la *Muskete* ont fait appel à toutes les ressources de leur symbolique : le sphinx pour l'Égypte avec son cortège de pyramides et le tigre pour l'Inde ont été enrégimentés parmi les alliés des Allemands. Par où il apparaît que leur mépris pour les peuples de couleur était un peu surfait. Ils les trouvent trop noirs pour défendre l'Angleterre, mais ils les trouveraient bien assez blancs pour l'attaquer. Voici, par exemple, le soir qui tombe sur l'Égypte et derrière les triangles sombres des pyramides, une faucille menaçante, dégouttante de sang, s'arrondit dans le ciel. Un horseguard, s'en va, disant : « Je crains que le temps ne change. La lune brille trop.... »

C'est l'idée du *Simplicissimus*. Moins avisé est l'officier en khaki, des *Lustige Blaetter*. Il se tient tranquille, les mains dans les poches, sans voir que, derrière lui, le sphinx réveillé, terrible, les sourcils froncés en arc, a déterré une de ses griffes puissantes, la lève sur lui.... Et la légende dit : « L'ancienne énigme du Sphinx sera bientôt résolue d'un coup ». La *Ulk* prévoit un peu plus de perspicacité chez le touriste anglais. Coiffé du casque colonial, le nez en l'air, il considère les figures tracées il y a des milliers d'années sur la pierre. *Raus!* dit Set ; *Raus!* dit Horus ; *Raus!* dit le Pharaon, — c'est-à-dire : Dehors! Dehors! Dehors! « A la fin des fins, je commence à comprendre le sens des hiéroglyphes... » murmure l'Anglais. Et le dessin est intitulé : *Progrès en Égyptologie.* La *Ulk* a aussi trouvé un symbole de la révolte des Indes qui la réjouit fort. C'est une descente de lit en peau de tigre, qui commence à s'agiter et à battre l'air de sa queue, au moment où John Bull s'éveille : « Malédiction! Mon camarade de lit devient enragé! » s'écrie-t-il épouvanté; ou bien encore, il se trouve dans la Jungle, à terre, crispé de de terreur, entouré de tigres menaçants, tandis que l'Agence Reuter télégraphie : « Tout est tranquille aux Indes ». Enfin, le *Kladderadatsch* résume tous les espoirs de Berlin, en montrant un sinistre incendiaire qui court de réverbère en réverbère allumer un feu terrible, et ces réverbères sont l'Inde, l'Égypte, le Transvaal; et cet incendiaire est la Révolution.

Comment, de tant de dangers, la « perfide Albion » espère-t-elle se tirer? se demande l'Allemand, et il répond : par sa perfidie, par son hypocrisie même et ses ruses déloyales de guerre. D'abord.

elle a « enchaîné la Vérité », dit le *Kladderadatsch*, et John Bull, clignant de l'œil, d'un air féroce, monte la garde près du poteau d'infamie, où elle se morfond. C'est son « premier exploit ». Elle a tissé une trame de mensonges et s'y promène comme une araignée, dit la *Ulk*, qui ajoute : « Lorsque le grand jour de la purification viendra, cette ordure sera balayée avec le reste ». Elle a semé l'or à pleins sacs pour faire assassiner les gens paisibles, dit le *Wahre Jacob*. Il montre, en effet, une route de corniche, en Italie, vraisemblablement aux environs d'Amalfi, et deux jeunes Allemandes ou Tyroliennes, à longues tresses dans le dos, qui contemplent innocemment la mer. Dans l'anfractuosité du rocher, Fra Diavolo tire son couteau et va les frapper. Pourquoi? C'est que, dans une anfractuosité encore plus obscure, un gentleman sec, élégant, au col correctement cassé, lui met, dans la main, une bourse, — la vraie bourse de théâtre, — et lui désigne les victimes, l'Allemande et l'Autrichienne, et ce gentleman méphistophélique, c'est sir Edward Grey. « Une mission diplomatique », dit le *Simplicissimus*, et l'on voit un général anglais en grande conférence avec la Mort, à qui, sans doute, il donne des instructions. Il s'agit de voyage, car la Mort a un petit sac à main, qu'elle tient avec un poignard. Elle écoute, avec déférence, l'homme aux *leggings*, et la légende porte : « Sur le front belge, l'Anglais donne à la Mort huit jours de congé pour visiter les Cours de Sofia et d'Athènes ».

C'est qu'il n'a point réussi dans ses tentatives avec la Vierge grecque, dit la *Jugend* : il a eu beau se transformer en bœuf, en nuée légère, en pluie d'or, elle l'a repoussé.... « Et quand je parle de venir en Dreadnought, elle se moque de moi! » s'écrie le Jupiter britannique en serrant le poing, — tandis que Pallas Athéné, debout, lance en main, se profile, dédaigneuse, sur la mer....

Alors, que faire? Se cacher, se dissimuler sous les pavillons des neutres, renier ses couleurs, pensent les *Lustige Blaetter* et les autres feuilles comiques. C'est pour elles un inépuisable sujet de sarcasmes. On voit le patron d'un navire marchand anglais en face d'une collection complète de masques : le haut de forme étoilé du Yankee, le bonnet de la Hollandaise, l'immobile peau jaune du Céleste, et se disant : « Aujourd'hui, il faut que je traverse la mer d'Irlande : lequel de ces masques neutres doit prendre un vieux marin honorable? » Ou bien, tout nu, aux bains de mer, John Bull cherche parmi les drapeaux des nations, qui sèchent au soleil, celui qui couvrira le mieux sa vilaine académie. Ou encore, c'est la vieille Albion, en haillons, qui sort de sa cabine, et se plaint ainsi : « Vraiment, je ne peux plus sortir avec ces oripeaux dégoûtants... — Courage, Britannia, volez-en de meilleurs! » lui crie Churchill, en lui montrant les costumes des neutres, qui se balancent, séchant au vent. « Quel costume choisirais-je pour qu'on ne me reconnaisse pas? » se demande, perplexe, John Bull, chez un fripier. « Pourquoi ne vous habillez-vous pas en gentleman? » répond l'autre, goguenard. Enfin, la *Jugend* a trouvé le meilleur moyen d'échapper aux sous-marins allemands : c'est d'embarquer, à chaque voyage, trois comparses américains qui protégeront les passagers anglais et la contrebande de guerre. Sur le pont du paquebot, près de la cloison où on lit : *Attention! Munition!* le capitaine crie à son second : « Tout est-il prêt? — Non, monsieur, répond le second, les trois Américains en *extra* ne sont pas encore à bord. » En effet, on les voit, sur la passerelle, leur sac de voyage et le drapeau étoilé à la main, qui n'ont pas encore atteint le navire.

Quant aux Zeppelins, c'est le *Simplicissimus* qui a découvert quel procédé emploie la perfide Albion pour exciter contre eux l'indignation publique. Il a représenté une ville maritime anglaise, au moment où un de ces meurtriers aériens est signalé. « Attention! Vite! Tous les bébés dehors! » s'écrie un policeman, et, de toutes les fenêtres, se tendent des perches, suspendant des poupons dans le vide, afin de les exposer, seuls, aux bombes qui ne manqueront pas de tomber. La noirceur de l'âme anglaise éclate, dans cette image, aux yeux de l'innocente Germanie. Un dernier trait achèvera de la peindre, et c'est la *Jugend* qui l'a trouvé. « Depuis qu'il a été déclaré que les « Barbares » allemands refusaient de tirer sur les cathédrales, l'Angleterre a élaboré un joli petit plan pour la défense de ses côtes », dit la légende. On voit, en effet, des paravents en forme de façades gothiques, dressés au bord de la mer; sous les portails moyenâgeux, s'arrondissent des bouches de canon; derrière les gargouilles, s'embusquent des tireurs : il n'est pas un ornement, un fleuron, ni une ogive qui ne recèle une embûche. Bien mieux, les garde-côtes cuirassés eux-mêmes ont une superstructure de clochers et de chapelles, et, dans le ciel, les aéroplanes volants prennent une allure de chapelles en déplacement aérien.

Les Anglais accusent le coup, sans sourciller, en beaux joueurs qu'ils sont [1]. Ils n'y ont pas grand mérite, car le coup ne porte guère et ils pourraient aussi bien, la plupart du temps, ramasser l'injure qu'on leur jette comme une pierre et s'en parer comme d'un joyau. Car si l'Australie et le Cap et les Indes et le Canada et la Nouvelle-Zélande, tous les pays d'outre-mer, accourent à la défense de la vieille Angleterre, qu'est-ce à dire, sinon qu'elle a su s'en faire aimer? Et si tant d'autres peuples et de tant de couleurs, épars sur le globe, sous toutes les latitudes, se rangent du côté des Alliés, qu'en saurions-nous conclure, sinon que la conscience universelle se prononce contre l'Allemagne? Ce ne

---

1. C'est ainsi que toutes les caricatures signalées ici ont été reproduites dans des périodiques anglais à grand tirage, ou dans des magazines américains très lus en Angleterre. Les légendes ont été soigneusement traduites en anglais.

sont pas des gens de « haute culture », dira-t-elle :
c'est à voir. Car il faudrait démontrer que les
Bachi-Bouzoucks le sont et aussi les Bulgares, et
qu'on est plus près de l'idéal scientifique de l'humanité à Panagurista et à Kastamouni qu'à Melbourne et à Montréal.... « Nous appelons civilisés
les peuples qui sont nos dupes et sauvages ceux
qui ne le sont pas » : — voilà ce qu'il faudrait dire
tout uniment, au lieu de tant de gloses, et cette
définition à la Gorenflot rendrait fort bien justice
à toute l'argumentation des professeurs de Weimar
ou de Greifswald. Pourquoi ne peut-on employer
des Gourkas ou des Sikhs et peut-on employer des
gaz asphyxiants?, Pourquoi l'Angleterre est-elle un
monstre d'égoïsme en envoyant se battre pour elle
des Australiens ou des Canadiens, qui sont nés
d'elle, et l'Allemagne ne l'est-elle pas en versant le
sang des Turcs, pour qui elle n'a jamais rien fait?
Le peuple du « libre examen » ne supporterait
guère toutes ces théories, si elles étaient, par
aventure, examinées librement.

De même, les plaisanteries des Allemands sur le
recrutement volontaire. C'est une honte, à leurs
yeux, que de solliciter un homme d'entrer au service au lieu de le faire encadrer par deux gen-
darmes. Mais c'est l'orgueil de l'Angleterre que
d'avoir vu trois millions de volontaires, sans y être
forcés, accourir à son appel. Il n'est pas très sûr
que l'Allemagne, elle-même, eût obtenu ce résultat.
L'Angleterre a prouvé, jusqu'à l'évidence, par sa

pauvreté première en hommes et en munitions, qu'elle ne tendait, ni ne s'attendait à la guerre, et, par son magistral « rétablissement », qu'elle était capable de la faire, comme les camarades. De tout cela, elle a lieu d'être fière, et plus on lui décernera de sarcasmes, plus elle les collectionnera comme des titres d'honneur.

Nous n'en saurions montrer autant, ni les autres Alliés. Pourtant, l'Allemagne nous a bien fait, çà et là, l'honneur de quelques outrages et l'injure de quelque compassion. Le plus saisissant, si l'artiste avait été plus habile, serait un dessin des *Lustige Blaetter*, intitulé : « La mort du Gaulois ». C'est la nuit : le généralissime Joffre dort dans une chambre, où une réduction du *Gaulois mourant* orne la cheminée. Un rayon de lune tombe sur le chef-d'œuvre antique. Le dormeur est en proie à un cauchemar : il voit celui qu'on appela longtemps le *Gladiateur mourant*, dans sa pose affaissée, tragique, répétée à des exemplaires sans nombre, et, chacun de ces Galates mourants a un képi, qui désigne assez la nation dont il est.

Ou bien, le président de la République, présidant un dîner des Alliés, se lève, frappe du couteau sur son verre et prononce un discours : « Messieurs, dit-il, quand nous nous retournons vers le passé, nous devons admettre que notre position en Angleterre... ah! en Russie... heu! en Belgique, hem! hem! en France... Ah! heu! heu!... Mais le dîner était bon. » Tel est le ton général de la caricature alle-

mande sur la France. Elle s'en écarte rarement.
Une fois, dans la *Ulk*, on a vu ceci : Pallas Athéné,
portant, dans une main, la cathédrale de Reims;
de l'autre, son égide, protège des soldats et même
des civils, français, tirant à l'abri de l'*Art*. Et
encore, la guillotine dressée sur la place de la
Concorde, le bourreau, masqué, attendant les chefs
de l'État français, qui vont « encore une fois
perdre la tête ». Mais l'affectation de l'impartialité
est souvent sensible. Un dessin de la *Ulk* figure
une représentation à Berlin, les bustes de Molière
et de Shakespeare sur la scène, couronnés, le par-
terre applaudissant à tout rompre, avec cette
légende : « Ces Allemands! ces Boches! Chaque
soir, ils ridiculisent les grands poètes de la France
et de l'Angleterre! »

Contre la Russie, les attaques sont plus âpres.
Le grand-duc Nicolas, surtout, est honoré d'une
haine incessante et multiforme. Hindenburg l'en-
serre de ses griffes, fatales comme le Destin, selon
le caricaturiste de l'an dernier, détrompé aujour-
d'hui, ou bien il est nommé généralissime des
blessés alliés, comme ayant été le plus mutilé de
tous. Ces images, qui n'ont aucun sens réel,
montrent pourtant la crainte que l'invasion russe
inspire aux Allemands. Pour se défaire de ce cauchemar, ils comptent surtout sur la Révolution.
Innombrables sont les images qui invoquent le
peuple russe contre le Tsar, dans la *Ulk*, dans le
Wahre Jacob, dans le *Kladderadatsch* et jusque

dans la *Muskete* de Vienne. Partout l'on voit un moujik gigantesque tendant le poing au Tsar atterré. Tel est le désir de l'Allemagne.

La Serbie est honorée d'une haine presque égale. Si l'esprit chevaleresque dominait jamais le monde, il y a un coin où l'on serait sûr, encore, de ne pas le rencontrer : ce serait la *Ulk*, à Berlin. Ce journal a représenté un moribond, affaissé dans une petite voiture, avec une couverture brodée d'une couronne royale. Il est coiffé du képi serbe. Devant lui, debout, un gros homme, un hercule coiffé d'un fez, salue militairement : « Je ne sais pas si vous me reconnaissez, dit le Turc avec un gros rire, je suis l'*Homme malade!* »

L'Italie n'est pas mieux traitée. Ses dirigeants sont, d'ordinaire, montrés emboîtant le pas à un fou, chauve, couvert de lauriers, armé d'une lyre et qui les conduit aux abîmes.... Depuis Lamartine, nul poète, assurément, n'avait été autant caricaturé que M. d'Annunzio. La présence de l'ancienne alliée aux côtés des amis du Droit a déchaîné toutes les calomnies. « A-t-il signé? » demande le soldat français à son camarade anglais, derrière un petit bersaglier qui écrit : « Pas de paix séparée ». — *Yes*, répond le highlander. — Alors, surveillez-le avec un soin tout spécial! » et le *Kladderadatsch*, en figurant « Noël dans les Dolomites », évoque un paysage de montagnes et de neige où s'ensevelissent tous les espoirs italiens.

Même affectation de mépris à l'égard des Japonais, tant loués pourtant, jadis, par le parti militaire allemand. Ils sont devenus des sauvages, des singes, des monstres aux dents acérées, dont la fureur, d'ailleurs, est impuissante. Une grande planche, d'une assez belle allure décorative, a paru dans le *Simplicissimus*, tout au début de la guerre : c'était un chevalier immobile dans son armure, planté sur un rocher, tenant d'un bras de fer, bien droit, le pavillon allemand, tandis que des vagues furieuses se recourbent autour de lui, et la crête écumeuse des vagues est faite de têtes féroces, les lèvres retroussées sur les gencives, montrant les dents.... C'était l'Allemagne à Kiao-Tchéou. Un autre dessin du même journal nous transportait en Allemagne, dans un jardin zoologique. A travers les barreaux d'une cage, on voyait des macaques nippés de costumes européens, qui se divertissaient en compagnie d'autres singes sans costume. Et la légende disait : « On demande que les Japonais résidant en ce moment soient enfermés dans les jardins zoologiques. On ne tiendra aucun compte des protestations des chimpanzés. » La victoire des Nippons a mis un terme à ces singeries.

De telles énormités, de quelque mauvais goût qu'elles s'aggravent, se conçoivent quand elles s'adressent à des pays en guerre avec l'Allemagne. Elles surprennent fort quand elles s'adressent à des Neutres.

C'est un fait, cependant, que les Etats-Unis ne sont pas mieux traités, par les satiristes allemands, que les pays belligérants eux-mêmes [1]. Ils sont considérés, d'ailleurs, comme belligérants en quelque manière, car on les accuse de forger l'arme des Alliés en échange de leur or. L'Or! le Dollar! les Affaires! le Profit! Quelle honte chez le peuple de la Liberté éclairant le monde! Ah! elle est bien précieuse aux caricaturistes de la *Jugend* ou du *Kladderadatsch*. la statue de Bartholdi! On la voit submergée. engloutie par l'or que gagnent MM. Morgan, Schwab et Rockefeller, et pouvant à peine soulever son flambeau par-dessus le flot mortel, ou bien transformée en une vieille mégère, « la Liberté du commerce des armes qui rapporte gros » et ne tenant plus à la main qu'une lampe à pétrole, ou bien déboulonnée et remplacée par le *Dieu du Profit*, un vieux monsieur qui compte sur ses doigts.... En vérité, on ne savait pas que les Allemands eussent, à ce point, le mépris des Affaires! Mais il paraît que l'Amérique en oublie tous ses principes d'humanité. « Vous priez, oncle Sam? » demande le Michel allemand à Jonathan, qu'il voit à genoux, mains jointes, levant sa barbe de bouc vers le ciel. « Oui, je demande au Ciel que vous capturiez les canons que j'ai vendus aux maudits ennemis de l'Allemagne. » — « Ah! et pourquoi demandez-vous cela? » —

1. Ceci, qui fut publié dans la *Revue des Deux-Mondes*, en février 1916, montre assez quelle était déjà la tendance générale des Américains, qu'une grande partie de la presse française et de l'opinion s'obstinaient cependant à représenter comme neutres ou même favorables à l'Allemagne.

« Pour que je puisse leur en vendre encore davantage. » En effet, on voit le président Wilson, dans le *Simplicissimus*, proposer des obus à des généraux français, où l'on retrouve assez exactement le type du général de Galliffet. Sur l'obus il est écrit : « Cause beaucoup de douleur » et le président ajoute : « Vous comprenez, naturellement, que plus l'agonie produite par mes obus est douloureuse, plus ils coûtent cher. » Ou encore, il s'adresse à un officier anglais, assis sur une table, en train de fumer sa pipe et lui présentant un obus, emmailloté dans du papier, il lui dit : « Voici un nouveau modèle d'obus. Il est enveloppé dans un petit bout de protestation, mais vous ne devez pas la prendre très au sérieux. » Aussi, qu'arrive-t-il? Un Allemand, gisant sur le champ de bataille, retrouve un morceau de l'obus qui l'a frappé à la tête et y lit : *Braves Allemands, nous prions pour vous! Fabrique de munitions de Jonathan-Amérique.* Quelle hypocrisie! pense le lecteur d'outre-Rhin. Et il se pâme encore devant cette image de l'*Amérique neutre* : Jonathan, qui a fabriqué des faulx, en offre une à la Mort en échange d'un sac d'écus, et l'homme à la bannière étoilée lui dit doucement : « Madame la Mort, ne croyez pas que je cherche seulement à gagner de l'argent. Je vous vends cela seulement pour que vous ameniez la paix.... »

Après des satires aussi sanglantes contre tout le monde, — y compris les Neutres, — il ne restait plus aux Allemands que d'en faire contre eux-mêmes. Ils n'y ont pas manqué. S'ils n'insistent pas sur les horreurs de la guerre, ils sont loin de la présenter comme une chose belle en soi et souhaitable. Une suite de caricatures, assez récentes, du *Wahre Jacob*, de Stuttgart, est, à ce sujet, assez significative. Elle montre l'évolution qui s'est faite, dans certains esprits, au delà du Rhin. Un gros industriel allemand est d'abord ravi de ce qui se passe : « Enfin, voilà la guerre ! » dit-il. « Déjà, un bon traité pour fournitures de guerre », continue-t-il, et, en ouvrant son coffre-fort : « Pour ma part, la guerre peut durer dix ans ! » Mais il reçoit une convocation, sa figure change : « Oh ! je suis appelé ! » Le voilà, faisant l'exercice et déjà suant à grosses gouttes, sous l'œil d'un *feldwebel* injurieux : « Oh ! oh ! » crie-t-il, puis coiffé du casque à pointe, le sac au dos : « Ah ! ah ! » puis dans la tranchée, sous les obus : « Au diable ! » Enfin, il fuit, devant les éclatements, tombe à genoux, et s'écrie : « O Dieu, mon Dieu, donne-nous bientôt la paix ! »

Tel est le dernier trait des crayons satiriques d'Allemagne. C'est peut-être, aussi, le plus sincère. Si jamais l'on entreprend d'écrire l'histoire de la guerre d'après les images qu'ils en ont données, c'est une étrange histoire qu'on écrira : l'Angleterre envahit la France et saigne à blanc la Belgique ; des hordes nègres accourent en Europe pour mettre la paisible Allemagne à feu et à sang : les Etats-Unis conspirent contre elle ; enfin, les peuples français, russe et anglais se soulèvent contre leurs gouvernements respectifs et s'ensevelissent sous les ruines d'une Révolution. Voilà qui nous indique seulement, chez les Allemands, ce qu'est « le Désir, père de la Pensée ». Mais le chauvin du *Wahre Jacob*, qui souhaite la paix, dès qu'il a goûté de la guerre, c'est une réalité.

CHAPITRE III

CHEZ LES NEUTRES

Le premier de tous les neutres dans l'ironie vengeresse et la résistance à l'oppression, c'est la Hollande, et en Hollande, c'est Louis Raemaekers.
L'Allemagne menaçait de tout submerger sous le
flot de ses calomnies et de ses promesses : il s'est
levé et, de son crayon acéré, a marqué la limite du
cataclysme. Il n'est pas le seul, mais fût-il le seul,
il eût suffi, comme l'enfant célèbre de Harlem qui,
de son doigt, boucha la fissure de l'écluse et sauva
la Hollande. Raemaekers a sauvé son pays de l'inon-
dation germanique. Être une digue, la digue de la
civilisation et de la liberté, semble une tradition
nationale de ce pays. Il n'en est pas qui ait lutté
plus souvent, plus obstinément, plus victorieuse-
ment et contre de plus formidables Puissances que
les Pays-Bas. Et chose curieuse, c'est aussi une
tradition nationale que de lutter par la caricature.
C'est par elle, par les planches célèbres de Romain
de Hooghe, que les Hollandais combattirent et
poursuivirent, dans toute l'Europe, Louis XIV. Le
grand Roi ressentit toujours cruellement les bles-

sures de ce burin vengeur. La Hollande était tellement considérée comme la patrie de la caricature
politique, au xviiie siècle, qu'un pamphlet paru à
Londres, en 1710, sous le titre : *Peinture de la ma-
lice*, le dit expressément : « *L'estampe est originai-
rement un talisman hollandais (légué aux anciens
Bataves par un certain nécromancien et peintre
chinois), doué d'une vertu surpassant de beaucoup
celles du Palladium, qui les met à même non seule
lement de protéger leurs villes et leurs provinces,
mais aussi de nuire à leurs ennemis, et de maintenir
un juste équilibre parmi les Puissances leurs voisines....* » L'auteur de ce pamphlet, deux cents ans
à l'avance, définissait Raemackers.

On eût pourtant fort étonné le dessinateur du
Telegraaf, si on lui eût prédit, il y a quelques
années, qu'il jouerait un jour, en face de Guillaume II,
le rôle de Romain de Hooghe devant Louis XIV et
de Gillray devant Napoléon. L'histoire, ni la tragédie ne l'attiraient spécialement. C'était un paisible
paysagiste et un portraitiste. En cette qualité, il
s'essayait à reproduire la ressemblance des hommes
célèbres dans la politique aux Pays-Bas et, depuis
quelques années, il donnait des dessins politiques
au *Telegraaf*, lorsque la guerre survint. La froide
cruauté de cette machination l'indigna, l'hypocrisie
des fauteurs d'assassinats lui parut insupportable
et, aussi, le « ponce-pilatisme » de certains specta-
teurs. Il tailla son crayon plus affilé que de coutume.
Il s'en fit une arme. Les cris de douleur, de protes-

tation, de vengeance, éclatèrent hors des frontières et dans les Pays-Bas eux-mêmes, dès longtemps exposés à l'infiltration germanique. On interdit la vente de ses albums, on l'accusa d'être payé par l'Angleterre. Une averse de calomnies et de menaces fondit sur lui. Le nouveau Romain de Hooghe ne s'en émut pas : il dessina de plus belle. Il lui arriva, dès lors, ce qui ne pouvait arriver à Romain de Hooghe, ni à Gillray, ni à aucun des artistes qui attaquèrent la France : Paris l'a adopté et l'a désigné, d'un geste sûr, à l'admiration du monde. Il a ce qui manquera toujours aux crayons assermentés de la *Jugend* ou du *Kladderadatsch*: la consécration mondiale. On a jamais entendu parler d'une gloire artistique née à Berlin.

Raemaekers a donc déclaré la guerre à Guillaume II :

> Ce roy, non juste roy, mais juste arquebusier...

Et le vers admirable, le vers caricatural d'Agrippa d'Aubigné, en ses *Tragiques*, semble avoir été fait pour définir exactement le type imaginé par l'artiste. Ce n'est pas un grotesque, comme Gillray avait eu le tort de peindre Napoléon, ce n'est pas un fantoche : c'est un homme vigoureux et adroit, mais dont l'adresse et la vigueur s'emploient pour le mal, un mauvais homme, hypocrite et qui fait une œuvre infâme. Il provoque, non le rire, mais l'indignation. « Voilà qui est fait... » dit-il en écartant doucement le rideau qui cachait l'exécution de miss Cavell,

« ...maintenant tu peux m'apporter la protestation
de l'ambassadeur américain. » Et le sous-ordre salue
respectueusement, avec un rire silencieux, car il a
compris : au loin, une tête de femme, les yeux
bandés, gît dans le sang, et un soldat, le fusil sous
le bras, comme un chasseur heureux, la regarde.
C'est le « juste arquebusier ».

Il n'a pas manqué son coup, non plus, quand il a
visé les femmes et les enfants que transportaient
les paquebots : la *Lusitania* et les autres. Ils sont
bien morts, étouffés, serrés convulsivement les uns
aux autres pour s'entr'aider, se maintenir, un instant
de plus, accrochés à une épave. Les voilà, glissant
dans la profondeur des eaux calmes, les yeux agrandis par l'épouvante, les cheveux dénoués et flottants,
les vêtements empesés par le lourd liquide, de
grosses bulles d'air remontant à la surface, les faces
glacées sous le mobile émail des eaux. Le souverain
« a giboyé aux passants trop tardifs à noyer » et il
a fait bonne chasse, grâce à la *Mine flottante*.

Il n'a pas été moins « juste arquebusier, » quand
il a installé sa machine à tuer dans le ciel. Nous
sommes à Paris, dans la rue, parmi l'embarras des
voitures et des foules, une civière passe, encadrée
de gardiens de la paix : c'est une fillette, pâle,
exsangue, qu'on transporte à l'hôpital sans doute.
On dirait, d'abord, un fait-divers de la paix, quelque chose comme l'*Accident* qui fit, dans des temps
lointains, la réputation de M. Dagnan-Bouveret.
Mais non : ici, il y a quelque chose d'inattendu et

de plus tragique. Un ouvrier, qui accompagne la civière, se redresse vers le ciel avec un rictus effrayant de colère aux confins de la folie et montre le poing à l'invisible : c'est de là-haut qu'est venu le coup qui a fait de son enfant, qui jouait, ce matin, une morte.... Un Taube a passé. Et Raemaekers appelle cela : *La Culture qui vient du ciel*. Aussi, la Vierge elle-même prend peur, la Vierge de pierre de Notre-Dame de Paris, et quand le sinistre oiseau passe et laisse tomber sa bombe sur un coin de la cathédrale, elle se met à genoux et couvre, de sa main et du pan de son manteau, l'Enfant-Jésus. *Nécessité militaire*, dit la légende. Raemaekers, qui est un réaliste émouvant plutôt qu'un symboliste, a pourtant trouvé, ce jour-là, un symbole très simple et très touchant du péril que court, en face de l'arquebusier royal, l'Art des vieux siècles de foi.

Le Kaiser a-t-il donc déclaré la guerre à Dieu? Il le prétend son allié, au contraire, il l'invoque à tout bout de champ, à tout bout de crime, il l'enrôle dans son armée, l'enchaîne à sa fortune, et cette prodigieuse aberration est peut-être, parmi tous les problèmes de cette guerre, celui qui fait le plus hésiter et chanceler la raison humaine. Là, encore, c'est Raemaekers qui a trouvé l'image définitive. Il a évoqué le Christ dans une des scènes de la Passion, celle que décrit saint Mathieu, lorsqu'il le montre livré aux outrages des valets et de la soldatesque, par ces mots : *Et ils pliaient le genou devant lui et ils se moquaient de lui*. Un soldat à lunettes et à longs cheveux, qui, hier encore, devait professer, dans quelque Université, que *Jesus (Ger-us)* veut dire « germain » en latin, le coiffe d'un casque à pointe et cherche à éteindre, ainsi, un peu de l'auréole divine. Un Turc, à face parcheminée de vieux croupier, gambade devant lui en faisant le salut militaire et lui offre un sabre. L'Autrichien s'esclaffe à cette bonne plaisanterie. Et un quatrième ligote le Sauveur avec un ceinturon où brillent les mots qui sont le suprême blasphème de cet Empereur : *Gott mit uns.*

Le châtiment ne se fera pas attendre. Châtiment au dehors de lui, châtiment en lui-même. Trop de voix du ciel et de la terre s'élèvent pour l'accuser. « Voilà le profanateur ! » disent les statues de sainte Clotilde et d'un saint moine, devant la cathédrale incendiée. Et l'Allemand, ainsi interpellé, tombe à genoux, épouvanté que les pierres parlent. « C'est une guerre de conquête ! Me voici, je ne puis faire autrement ! » s'écrie Liebknecht, suivant l'exemple de Luther, en se présentant devant le Kaiser cuirassé, casqué, pensif, — et ce mot retentit comme un premier glas de la conscience individuelle. D'autres cris l'environnent, des cris frêles, des voix d'enfants innombrables noyés par ses sous-marins : les faces enfantines paraissent encore au-dessus du flot qui monte, les yeux révulsés dans les orbites, et les voix des Innocents affolent Hérode. « Ils crient : *maman*, mais j'entends toujours : *meurtrier* », dit

Hérode, en se bouchant les oreilles [1]. Les cassolettes de ses thuriféraires ont beau l'envelopper des vapeurs opiacées du *sophisme* : les cris d'enfants le dégrisent et les théories de Bernhardi, sur l'humanité de la guerre inhumaine, sont impuissantes à dissiper son cauchemar....

Le Bernhardi, lui, est radieux. Il n'a pas compris la leçon des choses. A la Mort, vieille coquette, chaussée d'escarpins, coiffée de roses, et qui manie l'éventail, il offre un bouquet composé de crânes et de mains squelettiques. « Vous n'en espériez pas tant, n'est-ce pas? » dit-il en saluant avec la grâce d'un pachyderme. Raemaekers a résumé en lui tous les caractères du « Boche » moderne. La tête rasée à la manière « hygiénique », le cou en bourrelet, le rire gras, le ventre sanglé et triomphant, il tient son casque par la pointe, selon le geste habituel du vieux Guillaume Ier aux bals de la Cour. La vieille coquette lui paraît encore digne de ses hommages. Mais le Maître, plus sensible, sinon moins coupable, s'épouvante déjà et s'excuse. Il n'a pas voulu cette guerre, il le jure. Il fuit l'apparition du Christ lumineux, et, courbé, hagard, il balbutie : « Nous ne sommes pas... ne sommes pas... des barbares ». Il s'éveille, le matin, encore hésitant devant le réel; et tandis qu'un laquais, en grande tenue, lui apporte son déjeuner, il murmure : « Je rêvais si délicieusement que tout cela n'était pas arrivé! »

1. Dans le texte hollandais, les deux mots sonnent à peu près de même.

C'est que la guerre n'est pas chose moins terrible pour son peuple que pour les autres. Qu'est-ce que cette effroyable valse où est entraînée la pauvre *Germania*, exsangue et défaillante, par un squelette aux escarpins vernis? C'est la continuelle navette entre les deux lignes de feu : *De l'Est à l'Ouest, de l'Ouest à l'Est (da capo al fine)*, dit la légende. Qu'est-ce que cette étendue d'eaux mornes, jalonnée, çà et là, par le sommet d'un arbre ou le toit d'une maison, où flottent des cadavres allemands en décomposition, des casques renversés? C'est *la Route de Calais*.... Plus loin, d'autres « Boches » apparaissent figés, accroupis, dans la contraction subite de la *rigor mortis*, au milieu des fils barbelés, comme de gros moucherons pris dans la toile inextricable d'une araignée de fer. Aussi les survivants ne conservent-ils plus grand espoir. La lettre qu'écrit un jeune Allemand, du fond de la tranchée, le montre assez: « Chère mère, nous avons fait encore quelques progrès; nos cimetières atteignent la mer.... »

Voilà pour les combattants : la population civile n'est pas épargnée, non plus. Raemaekers la montre en files lamentables, attendant devant les cantines de Berlin. « Les femmes à gauche ! » crient les policiers, et les coups de crosse rangent brutalement toute la gent féminine en quête de pain. Voilà où mène la folie des rois. C'est encore parmi les combattants eux-mêmes qu'on trouverait, çà et là, le plus d'humanité. Deux turcos se sont agenouillés auprès d'un ennemi tombé et le font boire dans leur quart. *Les Bons Samaritains*, dit Raemaekers. Ailleurs, c'est un soldat allemand, qui a quitté ses camarades en marche pour regarder mourir un jeune Écossais, un enfant, étendu sur la route. Il s'est agenouillé, lui a pris la main, assiste à cette agonie d'un air sombre, et, tandis qu'il le regarde, voici l'enfant qui parle dans le délire, les yeux hagards. « C'est toi, maman ? » murmure-t-il, trompé par cette étreinte, l'esprit déjà bien loin, au moment de s'en aller plus loin encore....

Ainsi, pour Raemaekers, la guerre est le plus terrible des maux. Il la flétrit, en elle-même. Il a déclaré « la guerre à la guerre » selon la formule chère à Mme de Suttner. Nous ne savons trop quelle fortune aura, auprès des peuples d'Europe, désormais, la théorie de Joseph de Maistre sur la « divinité de la guerre » et ses bienfaits. Il est possible qu'on la soutienne. Mais il ne faudra pas faire appel à Raemaekers pour l'illustrer. Ses pages navrantes sur les *Mères*, les *Veuves, Où gisent nos pères? Les Fils barbelés*, la lettre du soldat allemand dans la tranchée, les petites victimes de la *Lusitania*, sont l'envers de cette tapisserie magnifique que les Gros, les Gérard, les Vernet et les van der Meulen tissaient dans leurs *Galeries des Batailles.* Elles montrent ce que la guerre traîne avec elle, après elle, presque fatalement, réserve faite des cruautés propres à celle-ci. Des femmes à genoux, dans leurs longs voiles de deuil, à l'église,

la tête appuyée sur le prie-Dieu, les yeux fermés,
appesantis sous la douleur : les *Mères* ; ou, venant
en longues théories, la main dans la main, des
bourgeoises et des paysannes unies dans leur désespoir : les *Veuves*; des multitudes, un fleuve
ininterrompu d'enfants, s'écoulant sous le ciel noir,
entre deux haies de croix mortuaires, ces mêmes
enfants flamands que Léon Frédéric a montrés si
souvent joyeux dans le soleil, devenus graves soudainement, défiants, serrés les uns contre les autres,
les plus grands portant les plus petits, beaucoup
pleurant, allant toujours, allant on ne sait où, en
demandant : « Où gisent nos pères? » Ce sont les
Orphelins.

Une femme restée seule vivante dans un village
incendié : deux cadavres de vieillards fusillés
étendus près d'elle, rigides ; un petit garçon, son
petit, à terre, mort, les yeux ouverts. Elle lui tient
la main, elle rit : elle est devenue folle : c'est la
« jolie guerre nouvelle ». Des enfants encore, des
écoliers de tout âge, de toutes les nations, sont
rangés par terre, sans vie, déchaussés, quelques-
uns encore enlacés dans l'étreinte suprème, qui les
unit au moment du danger. Entre leurs files rigides,
circulent les parents venus pour les reconnaître. Un
père et une mère, qui ont « reconnu », sanglotent
ensemble, la face cachée dans leurs mains. Ce sont
les *Petites victimes de la « Lusitania »*. Heureuses
victimes ! Le dur passage est accompli. En voici
qui n'y sont pas parvenus encore. Dans une salle

d'hôpital, une infirmière se détourne avec désespoir pour ne pas voir, et un vieux major à lunettes, les bras croisés, regarde, impuissant, deux malades horriblement convulsés, qui se tordent, en des gestes fous, sur leurs oreillers : c'est l'*Asphyxie lente* qui fait son œuvre. Dans une autre chambre d'hôpital, un homme sanglote, assis près d'un lit où le drap dessine vaguement une forme humaine, et que marque un crucifix noir. Quelle fut donc cette mort? Un châtiment? Et de quoi? Une fillette, debout auprès de son père, tâche de le faire parler au milieu de ses sanglots : « Maman n'avait rien fait de mal, n'est-ce pas, père? » Une dernière planche résume, là-dessus, toute la pensée de Raemaekers : c'est une femme de la campagne, qui pleure, abattue par la douleur, la figure posée à plat sur une table, tandis qu'une vieille paysanne, debout, cherche à la consoler et qu'un enfant s'accroche au bras de la vieille, épouvanté. C'est : « Une qui ne comprend pas les beautés de la guerre ».

Raemaekers n'est point cependant un pacifiste quand même. Il ne prêche pas que la honte soit préférable à la lutte. Il raille le président Wilson, qui réfléchit profondément et dit à l'Humanité éplorée, pour la consoler : « J'écrirai, si vous avez à vous plaindre de quelque chose, j'écrirai, — oui, mais quand j'y pense, je crois que j'ai déjà écrit![1] »

1. Ceci a paru en 1915.

Il a sur les neutres, en général, et leur masque
d'impartialité, une image cinglante. Elle doit être
dédiée à tous ceux qui prétendent, lorsque le Droit
est en jeu, se tenir *au-dessus de la mêlée*. C'est un
bourgeois, gros, glabre, élégant, couvert d'un beau
gilet à fleurs, surmonté d'un. chapeau de cérémonie. En sa présence, un apache au front bas, à la
face patibulaire, vient d'égorger une femme, pour
un butin qu'il emporte, et le voici qui tient encore
à la main le couteau sanguinolent. Le gros monsieur détourne son regard et délibère, à part lui,
sur ce qu'il convient de faire. « Lui dirai-je qu'il est
un assassin ? » se demande-t-il, puis aussitôt : « Non,
je vais le saluer poliment ; c'est plus neutre ».

Tous les neutres ne raisonnent pas comme le
bourgeois de Raemaekers. Sans même sortir de son
pays, on trouve d'autres crayons que le sien occupés
à flétrir la guerre. Ce sont principalement ceux de
l'*Amsterdammer* : Johann Braakensiek, connu
depuis ses dessins sur la guerre du Transvaal,
George van Raemdonck et Jean Collette. Seulement, ils flétrissent la guerre en général plus
nettement que l'auteur de la guerre. On n'aperçoit
pas toujours très clairement que, sans l'agression
voulue, préméditée, de l'Allemagne, cette guerre
n'eût jamais eu lieu. Pourtant, ils l'ont symbolisée
de façon saisissante. Tel est le dessin où Raemdonck
a montré tout ce qu'a causé le meurtre de Serajevo.
Un revolver est là, posé, qui a fait feu et fume
encore : du petit tube d'acier sortent, enveloppées

dans sa fumée, des figures et des calamités mondiales : après les têtes de l'archiduc et de sa femme unies dans la mort, l'aigle à double tête de l'Autriche-Hongrie fondant sur la Serbie suppliante, l'incendie allumé, les Alliés cherchant à l'éteindre, l'Allemagne l'attisant ; puis les populations quittant les villes incendiées, les épaves de la *Lusitania*, et rayonnant, dans une apothéose, un crâne : la Mort triomphante. A son tour, Braakensiek, adaptant un tableau de Henneberg, a montré la *Course impériale au Bonheur* : le Kaiser, suivi par la Mort, galope à la suite de la Fortune, par-dessus le cadavre de la Paix ; il va, il va, forçant le galop infernal, car il a vu briller, dans la main de l'Inconstante, la couronne mondiale, et il ne voit pas qu'elle a dépassé le pont étroit où il la poursuivait, qu'elle file maintenant au dessus d un abîme et que, sur cet abîme, est écrit : *Révolution....* Une autre fois, — et c'est un de ses derniers dessins, — il figure une femme, coiffée du bonnet phrygien, debout au bord d'un précipice, luttant contre un aigle gigantesque et furieux qui l'assaille, et lui arrachant des plumes qui tombent dans l'abîme. « Qui oserait maintenant parler de la décadence de la France ? » dit la légende sous ce titre : *La lutte pour Verdun*.

Braakensiek ne plane pas toujours à ces hauteurs allégoriques. Il a de l'ironie, parfois à l'adresse des Alliés : ainsi lorsqu'il représente une conférence entre trois gardiens de l'ordre ; un *policeman*,

un sergent de ville et un carabinier, en face des
cadavres qui jonchent la rue : le serbe, le belge, le
monténégrin. Un gamin, dissimulé derrière un
pilier, leur crie : « Dites donc, les protecteurs, si
vous voulez réellement protéger ces petits camarades, il ne faut pas toujours arriver trop tard[1].
En voilà encore un par terre !... » C'est un des plus
récents dessins du maître. Enfin, Joan Collette a
nettement pris parti contre l'Allemagne. Il montre,
toujours dans l'*Amsterdammer*, des soldats du
kaiser qui ont capturé une petite fille, aux longues
tresses, haute comme leurs bottes et l'interrogent :
« Elle a tiré !... » disent-ils, et cela s'appelle le *Crime
de la population civile*. La Hollande a vu juste, à
travers ses fils barbelés.

La Suisse, je veux dire la caricature suisse,
a-t-elle pris un parti aussi net contre l'Impéria-
lisme ? Cela n'est pas évident, à ne considérer que
les dessins du *Nebelspalter*, de Zurich, son principal
journal satirique. Au début de la guerre, on a pu
les confondre parfois avec les dessins allemands.
Par exemple, ils raillaient, de la même manière,
l'Anglais, de faire appel à des peuples de toutes
les couleurs « pour établir fermement la supériorité
de la culture européenne » et les singes y jouaient
leur rôle, tout comme dans le *Simplicissimus*. Plus
tard, le *Nebelspalter* a simplement montré l'avance

---

1. C'était précisément avant l'entrée en scène de la
Roumanie.

de l'Allemagne sur les Alliés dans les Balkans : Grey lutte de vitesse avec l'Allemand, mais ses jambes sont plus courtes que celles de son adversaire et il lui dit : « Si fort que je puisse courir, vous êtes toujours devant ! » Enfin, plus récemment, il a montré les belligérants jouant aux cartes, selon la tradition bien ancienne des caricaturistes politiques, car elle remonte au xv⁰ siècle, c'est-à-dire au *Revers du Jeu des Suisses*, et ce sont, à peu de choses près, les mêmes partenaires qui jouent. Selon lui, les Empires du Centre ont gagné : l'Allemand a raflé la Belgique et le Nord de la France, l'Autrichien la Pologne, le Bulgare la Serbie, et ils déclarent : « Messieurs, on pourrait lever la partie. Nous avons assez gagné. » Mais les autres n'entendent pas de cette oreille. « Continuons, disent le Français, le Russe et l'Anglais, peut-être la chance va tourner. » Plus récemment encore, le *Nebelspalter* montrait le roi de Grèce et le général Sarrail, passant en voiture au milieu du peuple hellène qui les acclame et il leur faisait tenir le langage suivant : « Écoutez le peuple qui acclame Votre Majesté », disait le général. — « Oui, répondait le roi, mais je ne sais pas tout à fait exactement si c'est pour nous féliciter à l'occasion de votre départ, ou pour vous féliciter de vous en aller.... » On sent ici l'ironie expectative du satiriste neutre. Ni le directeur du *Nebelspalter*, Paul Altheu, ni son dessinateur principal, Boscovits le jeune, n'interprètent entièrement les sentiments complexes et nuancés d'un pays aussi divers que la Suisse : toutefois, leur attitude mérite d'être notée.

Tout autre est celle des États-Unis, le plus puissant des neutres, et beaucoup plus marquée. Ses artistes ont, presque tous, pris le parti des Alliés[1], et avec une fougue et une verdeur d'expression, qui témoignent assez de leur foi ardente. Ils montrent volontiers les ombres de Washington et de Franklin, sommant l'Amérique de sortir de sa neutralité en faveur de la France. Que ce soit aussi en faveur du pays qu'ils ont combattu autrefois, voilà qui ne les trouble pas le moins du monde ! Ce n'est pas un Américain, que l'historien teuton embarrassera d'objections historiques, — ou préhistoriques ! Le *Life* a trouvé une très ingénieuse image pour s'en débarrasser : c'est une chambre d'enfants, jonchée de jouets de construction et de guerre. Un grand lion mécanique se soulève sur ses roulettes et va tomber sur un petit Américain, costumé en général de 1781, qui se défend, comme il peut, avec son sabre de bois. Heureusement, un autre petit garçon, costumé comme était La Fayette à la même époque, se pend à la queue du lion et l'empêche d'avancer, et l'artiste intitule cette scène d'enfants : *Our nursery days*.

Le même journal satirique a pris parti plus

____

1. Ceci a été écrit et a paru dans la *Revue des Deux Mondes*, en mai 1916, à une époque où une partie importante de l'opinion française taxait les États-Unis de germanophilie.

nettement encore. Il a intitulé un de ses numéros : *Vive la France !* Il y montre les ombres de toutes les gloires françaises défilant, à la manière de la *Revue nocturne* de Raffet, devant Joffre, qui les salue. Le Kaiser, lui, est représenté, piétinant dans le sang, submergé par un océan d'atrocités et de crimes où flottent les cadavres de la *Lusitania*, ou bien écrasant de son poids le pauvre Michel allemand, obligé de le porter sur ses épaules, à travers les ruines. Au-dessus de la plaine ravagée, en vue de la cathédrale de Reims qui brûle encore, il élève son coutelas vers le ciel, en hurlant l'*Hymne de Haine*. La fin de toute cette tragédie, selon les vœux du *Life*, c'est l'application de la peine reservée aux pirates : la pendaison, et celui qui la subit offre une grande ressemblance avec l'empereur Guillaume. Dans le ciel où se balance le corps du supplicié, une vision dantesque passe, une *bufera infernal* de nuées à figures humaines et ces figures ressemblent à des mères échevelées qui serrent leurs enfants sur leur cœur.

Ce n'est pas le *Life*, seulement, qui manifeste cette indignàtion. Elle est pareille dans les dessins de l'*Evening Sun*, de New York, de l'*Inquirer*, de Philadelphie, du *World*, de New York, du *Nashville American*, d'une foule d'autres et avec d'égales trouvailles d'expression. « Contrebande de guerre », dit l'*Evening Sun*, en montrant Jonathan qui soulève dans ses bras le cadavre d'une passagère de la *Lusitania*. « L'Allemagne *au-dessous* de tout », dit l'*Inquirer*, en figurant une main géante sous les eaux de l'Océan, cherchant à saisir et à engloutir les bateaux qui passent. « Pilote congédié », dit un autre, en reprenant l'idée du *Punch* lors du départ de Bismarck, et en montrant non plus le chancelier, mais la Civilisation qui quitte le navire où commandent le Kaiser et l'amiral de Tirpitz. « La loi, épave du temps de guerre », dit l'*Eagle*, de Brooklyn, en montrant un livre déchiré, défeuillé, sur une grève : le « code international » que la tempête a rejeté, hors d'usage. « Par Allah ! » s'écrie le Turc de l'*Evening Sun*, en lisant le récit des atrocités allemandes en Belgique, « il faut que j'intervienne au nom de l'humanité! » A peu près toutes les images satiriques, de l'autre côté de l'Océan, donnent la même note.

Cette note est jusqu'ici tout simplement la note anglaise, mais le caricaturiste américain en a une autre : la satire du Germain ou du pro-Germain en Amérique. Celui-ci grince des dents, roule des yeux furieux en voyant le flirt de la France et de l'oncle Sam. Caché dans la charmille, tandis qu'ils se racontent des douceurs, il les lapide de notes, d'explications, de commentaires sur les événements du jour. « Mais qu'est-ce que cela peut bien nous faire, à vous et à moi, *dear* ? » murmure Jonathan qui, pour la circonstance, a rajeuni son allure, revêtu un beau gilet étoilé, des bottes neuves et qui serre tendrement la main d'une petite paysanne en sabots, coiffée du bonnet phrygien.... Le même pro-Germain apparaît dans un dessin de Charles Dana Gibson. Gibson est cet admirable synthétiste qui créa, pour notre époque, le type idéal de l'Américaine, comme jadis Burne-Jones celui de l'Anglaise et M. Helleu celui de la Parisienne. L'élaboration de ce nouveau personnage fut peut-être moins séduisante pour l'artiste, mais le résultat est aussi heureux. Le gros homme à la tête carrée, aux extrémités massives, révélatrices de ses origines, remplit un large fauteuil, au club, au milieu d'Américains authentiques. Il discute, ergote, s'enfonce dans la dialectique et les contradictions, tandis que tous ses voisins, furieux, brandissent les feuilles où ils viennent de lire les derniers forfaits allemands. « Il reste neutre ! » dit la légende, et le dessin dit assez pourquoi.

Le pro-Germain est un sujet inépuisable de caricatures. « Une des choses les plus touchantes de cette guerre, c'est que la France est devenue pieuse », dit une jeune Américaine, en s'arrêtant de tricoter dans son fauteuil à haut dossier : « Tous les Français prient ». — « Et tous les Allemands prient aussi », répond un pro-Germain furieux, et il ajoute, pour donner du poids à son affirmation : « Ils prient Dieu de damner l'Angleterre ! » L'hypocrisie de ces appels à la Divinité indigne fort l'artiste américain. Dans un de ses dessins, le plus saisissant peut-être, un Satan gigantesque ouvre ses immenses ailes de chauve-souris sur le Kaiser épouvanté, et le morigène ainsi : « Cesse de

m'appeler « Dieu ! » J'ai ce mot en horreur.... »
Ainsi, lorsqu'il feuillette les images satiriques des
Américains, le lecteur allemand n'a aucune chance
d'y trouver un vif plaisir.

Les espagnoles sont un peu plus capables de le
dérider. Le *Blanco y Negro*, de Madrid, s'y essaie
de son mieux. Il figure deux requins, au fond de la
mer, parmi des débris de navires et des cadavres de
noyés, et l'un dit à l'autre : « Frère Requin, voilà
notre subsistance assurée pour nous et pour nos
enfants, tant que la guerre durera, — et cela peut
durer cent ans ! » Il y a là de quoi, peut-être, faire
rire quelqu'un à Brême ou à Hambourg. Une autre
planche du même journal montre un général anglais
et un français juchés sur deux pitons des Balkans
et regardant, de tous leurs yeux, dans leurs lor-
gnettes. « Voyez-vous quelques Italiens dans cette
direction ? » demande l'un. — « Pas un seul ! Et
vous », dit l'autre, qui interroge à son tour : « Aper-
cevez-vous quelques Russes ? » — « Aucun ! »
L'attitude expectante de la Roumanie est caracté-
risée, dans le *Gedeon*, de Madrid, par une ingénieuse
image, qui n'est pas, non plus, pour trop déplaire
à l'Allemand : c'est un obus à demi enfoncé dans la
terre meuble, en vue de Salonique, aux yeux
inquiets des Alliés et qui n'a pas encore explosé ! —
mais l'on ne sait de quel côté il lancera sa mitraille....
Le lecteur allemand se rembrunit, au contraire,
devant les images de l'*Iberia* et de la *Campana de
Gracia*, de Barcelone. Dans la première, il voit une

foule menaçante, parce qu'affamée, sous les fenêtres du palais impérial, à Berlin, et elle crie : « Nous avons faim et il n'y a pas de pain ! » et le Kaiser, à son balcon, répond : « Eh bien! quoi? Moi aussi, j'ai faim, puisque je ne puis dévorer l'Angleterre ». Dans la seconde, il voit son Kaiser offrir galamment son bras à la Paix, avec cette demande : « Me ferez-vous le plaisir de venir avec moi ? — Merci, répond la Paix. Quand vous vous serez lavé les mains », qui sont sanglantes. Dans la troisième, enfin, il voit son Kaiser en train de choisir son rôti de Noël. C'est l'oiseau de la *Paix* qu'il désigne en disant : « Si je ne peux avoir une bonne dinde, je me contenterais de cette colombe. » — « Oh! si je pouvais seulement quitter la partie ! » murmure le même Kaiser, dans l'*Evening Sun*, devant les piles d'écus qu'il a gagnés aux Alliés, assis à la même table de jeu. C'est l'idée et quasi le dessin du *Nebelspalter*. Par où l'on voit que, dans la pensée des Neutres, c'est presque un axiome que l'Allemagne, au point où en est arrivée la guerre[1], désire la paix.

1. En mai 1916.

CHAPITRE IV

LES TRAITS COMMUNS
A TOUTES LES CARICATURES

Et d'ailleurs, qui ne la désire pas, s'il fallait en croire toutes ces images, — alliées, allemandes ou neutres ; — qui ne l'a pas toujours désirée? Quel est le peuple qui se vante ou seulement avoue avoir rêvé d'agression, de domination ou d'hégémonie? Aucun. Vainement chercherait-on, parmi tous ces dessins et ces légendes, l'éloge ou seulement l'apologie de la guerre de conquête : on ne la trouverait pas. Toutes exaltent les mêmes vertus : la liberté des peuples, la fidélité à la parole donnée, la fraternité ; toutes flétrissent ceux qui, selon leurs auteurs, y ont manqué. Il n'y a pas, sur les principes, de divergence : tel est le premier point à noter. Que les chefs actuels de l'Allemagne tiennent pour nulle leur signature au bas d'un traité lorsqu'il les gêne, et pour moins encore le droit à la vie des petites nations, c'est ce qui est discernable dans leurs écrits et manifeste dans leurs actes. Que le peuple allemand soit entré, tout entier, dans cette voie avec une discipline impeccable, c'est ce que les faits ont surabondamment démontré. Mais il est curieux d'observer que, dans leurs images populaires, ils continuent à faire appel à des sentiments tout différents, à ceux qui ont cours chez les Alliés : la justice, l'humanité, la franchise, la liberté. Une image assez récente du *Simplicissimus* est significative à cet égard : elle figure Neptune galopant sur son cheval marin, lequel a des pattes de canard, le trident en bandoulière. Ce vieux Dieu aquatique accueille avec des transports de joie une sorte de Naïade, et cette Naïade élève au ciel ses deux bras chargés de chaînes brisées.... Cela s'appelle la *Libération du Danube* et on lit : « Ainsi, ma petite fille, la liberté des fleuves sera suivie bientôt, nous l'espérons, par la liberté des mers.... »

Voilà pour la Liberté. Quant à la Vérité, l'Allemand ne la chérit pas, en apparence, moins tendrement. La *Jugend* nous fait assister à une scène digne de Shakspeare : dans un cimetière « survolé » par une bande de corbeaux, un fossoyeur, sinistre, sorte de Caliban habillé aux couleurs de l'Angleterre, est en train de creuser des tombes. Il a, déjà, enterré l'Honnêteté, l'Humanité, et quelques autres vertus sociales ; mais du fond d'une fosse nouvellement ouverte une figure de femme se redresse, auréolée de feu, et lui présente un miroir. Et la légende dit : « L'Anglais voulait aussi enterrer la Vérité, mais elle s'est redressée chaque fois et l'a confondu avec son miroir ».

Que dire de la fidélité aux engagements ? Elle ne

tient pas moins de place dans la caricature allemande. Le *Kladderadatsch* a trouvé, pour l'exalter, une image apocalyptique. Le roi d'Italie, sur son trône, est assailli par les objurgations d'un immonde gnome, qui est John Bull, et d'une sorcière coiffée de couleuvres, vêtue de plumes de coq, qui est la France ; et il va les écouter, lorsque, dans l'ombre, une main gigantesque et lumineuse paraît, et cette main ouvre trois doigts de feu, formidable rappel d'une trinité sainte, et la France s'écrie : « Viens avec nous. Le mot « loyauté » est une pure invention des barbares allemands. » On ne croirait pas possible, après tant de « chiffons de papier » déchirés, la prétention que cette image suggère et encore moins celle qu'affiche plus récemment le *Simplicissimus*, en figurant le voyage du cardinal Mercier. Celui-ci est représenté causant avec des catholiques et leur disant : « Les Allemands m'ont donné un sauf-conduit, et comme je sais qu'ils tiennent toujours leur parole, je peux les calomnier avec assurance ». *Qu'ils tiennent toujours leur parole !* est une telle trouvaille, qu'on se demande à qui les ironistes de Munich en veulent parfois....

Enfin, l'humanité est pareillement invoquée, contre toute attente, par l'humoriste allemand. Le *Simplicissimus* montre toute une famille anglaise, femmes et enfants, rassemblée autour d'une table couverte de cartouches, en train de confectionner des balles *dum-dum*. Cela s'appelle : « L'aide aux soldats anglais en Angleterre ». Pour lui, la barbarie est de l'autre côté de la Manche.

En regard de toutes les hypocrisies et de toutes les lâchetés qu'il attribue à ses adversaires, l'imagier teuton dresse la figure idéale de l'Allemagne : une Allemagne unie, forte, disciplinée, mais pacifique, uniquement appliquée à se défendre, un roc compact et formidable que tous les flots du monde, déchaînés, viennent battre, sans l'entamer. L'écume de ces flots prend vaguement, sous la lune, une ressemblance avec des formes fantastiques de John Bull, de Marianne et d'un *moujik*. Le bloc, lui, ressemble à la *Tour de Bismarck*, blasonnée aux armes des villes de l'Empire. « Il nous a construit une forte demeure, un asile sûr en Dieu, contre toutes les tempêtes ». Ainsi, l'idée du peuple allemand, réduit par la conjuration de ses ennemis à défendre sa propre existence, est sensible dans beaucoup de ces images : l'idée de ce même peuple entreprenant la conquête du globe ne l'est nulle part.

Est-ce pour les Neutres que l'humoriste allemand donne cette note extraordinaire ? Est-ce pour la masse de son peuple ? Est-ce, là, un sentiment tout personnel ? En tout cas, dans ces myriades d'images destinées au grand public, rien n'a passé des idées de Bernhardi et de Treitschke sur les beautés de la guerre de conquête, ou sur la légitimité de la terreur. Elles procèdent toutes de ce postulat que l'Allemagne ne fait que se défendre contre une coalition formidable d'envieux voisins. Que ce soit

par un hypocrite accord entre les auteurs et leurs
lecteurs, ou que le public allemand soit encore
abusé par la plus gigantesque mystification et la
plus fatale dont l'Histoire nous offre l'exemple, les
humoristes d'outre-Rhin ne cessent d'invoquer les
mêmes principes que les autres. C'est pour les
mêmes idées qu'ils prétendent faire la guerre et y
avoir été contraints par les mêmes nécessités.

Pour la terminer, ils comptent également sur la
même chose : les dissensions intestines. C'est le
second caractère commun aux caricatures. Tout le
monde est aux écoutes pour surprendre, chez l'ennemi, les premiers travaux d'approche de la Révolution. Anglais et Français l'attendent du socialisme
allemand : les Austro-Allemands, des révolution-
naires russes [1] et de l'esprit de fronde qui soufflait,
d'habitude, en France. Ils l'attendent aussi non pas
du peuple anglais, — ils sont trop au fait pour
l'espérer de cette nation librement disciplinée qu'est
la Grande-Bretagne, — mais du moins de ses colonies, de l'Inde, de l'Égypte, du Cap. Ils l'attendent,
enfin, de la Tripolitaine contre l'Italie. Jusqu'ici,
les postes d'écoute en sont pour leurs frais. Si fine
que soit leur ouïe, nul bruit de sape ne vient la
frapper. La guerre, qui devait, selon les socio-

1. Il est bon de le rappeler : tandis que la Révolution
russe a été d'abord acclamée, en France, comme un événement favorable à l'Entente, elle était attendue et pro-
phétisée en Allemagne, depuis longtemps, comme devant
affaiblir la force militaire russe.

logues, dissocier les nationalités arbitrairement réunies, les a resserrées, au contraire, et les plus artificielles tiennent comme les autres. Mais, quels que soient les faits, le sentiment demeure, et l'image satirique montre, par tous les pays, la foi profonde ou l'espoir qu'on a dans la Révolution chez le voisin.

Un troisième point, sur leque il semble bien que tous les humoristes soient d'accord, c'est l'énorme fardeau financier de la guerre. « Tout cela finira par deux emprunts! » disait déjà M. Forain, lors de la première guerre gréco-turque, en figurant des veuves désolées sur des ruines. Par combien d'emprunts l'actuelle tragédie va-t-elle finir? Par une telle quantité, estime la *San Francisco Chronicle*, que l'Europe entière est submergée et se noie. Quelle sera « la place de la nation allemande au soleil? » se demande la *Kansas City Post*. Et elle répond en montrant le Michel allemand suant à grosses gouttes sous le fardeau énorme de la *Dette de guerre*, intérêts et pensions, un sac si gros qu'il le couvre entièrement de son ombre. Le même Michel se serre furieusement le ventre, d'après Braakensiek, dans l'*Amsterdammer*, à mesure que les impôts vont croissant. « La Paix, vite, ou nous sommes ruinés! » crie, par la fenêtre, le banquier allemand, dans le *Star*, de Montréal. Et l'*Inquirer*, de Philadelphie, prévoit comment finira le globe terrestre : il le représente envahi, peu à peu, par une calotte de glace, qui détruit toute vie sur la

surface, et cette glace s'appelle : la *Dette de guerre*.
Cette universelle ruine des pays combattants, pro-
fitera-t-elle du moins aux neutres ? Ce n'est pas l'avis
du *Social Democrat*, de Copenhague. Il figure, en
effet, la Suède sous les traits d'un homme qui n'a
plus que la peau sur les os, assis sur son rivage et
mourant de faim. A la vérité, il est entouré de
richesses, de sacs et de lingots d'or ; mais ce nouveau Midas meurt de faim, tout de même, s'usant
les dents à cette indigeste nourriture. La morale
de cette caricature est que gagner de l'or, ce n'est
pas produire des aliments, ni des objets utiles à la
vie, et que ces objets qui n'auront pas été produits,
pendant des années, par les millions de bras occupés à tuer ou à fabriquer des obus, manqueront à
tout le monde. Ainsi, l'image, en tout pays, mais
surtout chez les Neutres, s'accorde à déplorer les
suites de la guerre, comme elle déplore son prin-
cipe et ses moyens.

Cette communauté qu'on observe dans les sentiments, vrais ou feints, des divers peuples, se retrouve
dans les moyens employés par les artistes pour les
exprimer. Et, d'abord, il est bon de l'observer, ces
moyens sont exactement les mêmes qu'autrefois.
Il serait intéressant de noter les formes et les idées
nouvelles que la nouveauté prodigieuse des événements apporta jusqu'ici dans les arts du dessin et
notamment dans la caricature. Et nous les note-
rions, en effet, s'il y en avait. Mais il n'y en a pas.
La guerre va tout renouveler en nous et autour de

nous, dit-on : il est douteux qu'elle renouvelle la vision de l'artiste. L'artiste est comme l'oiseau qui vole au-dessus des ruines, pépie, fait entendre ses trilles et ses roulades dans les courts silences du canon : ce sont les coups d'aile et les chansons appris aux jours de paix.

A priori, rien ne peut faire supposer que l'art va être transformé par la guerre. L'histoire n'offre pas d'exemple de ces subites transformations. Sans doute, la tragique raideur des héros de David s'apparente bien aux principes et aux gestes de la Révolution; mais les héros de David n'ont pas suivi la Révolution : ils l'ont précédée. Ils sont tout entiers contenus, et à leur paroxysme, dans les *Horaces*, qui ont paru au *Salon* de 1785. Sans doute encore, Watteau et l'*Embarquement pour Cythère* nous semblent bien refléter l'idéal galant et la société de Mme de Pompadour; mais c'est bien plutôt cette société qui a reflété l'*Embarquement*, comme en un « tableau vivant », car Watteau est mort l'année où est née Mme de Pompadour : il a peint surtout au plus sombre et au plus austère du règne de Louis XIV. Enfin, si le goût du Moyen âge sentimental et le style « troubadour » paraissent une suite assez logique aux événements de la Restauration, il ne faut pas oublier qu'ils étaient déjà en honneur, sous le Consulat, dans le salon d'Hortense de Beauharnais.

Si l'on remonte plus haut dans l'Histoire, on ne voit point que, dans les arts plastiques, une esthé-

tique nouvelle ait jamais suivi une transformation
sociale, dans des conditions telles qu'on puisse
y voir un rapport de cause à effet, ou bien elle
l'a suivie de si loin que, pratiquement, l'effet n'a
pu toucher les contemporains. Le christianisme
a bien fait surgir un art nouveau, mais après
combien de siècles! Presque toujours, les formes
d'art et de vie esthétique répandues après une
grande commotion sociale préexistaient à cette
commotion. Elle les a parfois fait adopter : elle
ne les a pas fait naître.

En fait, rien n'est venu renouveler l'art depuis
la guerre, — pas même celui de la caricature!
Aucune forme inédite n'a, jusqu'ici, enrichi la
raillerie, ni magnifié l'indignation. C'est dans des
moules anciens qu'on a coulé toutes les idées nouvelles, moules qui datent de cent ans parfois, et
parfois de bien davantage. Ainsi, le Napoléon de
la *Mucha*, de Varsovie, examine, à la loupe, un
lilliputien Guillaume II qu'il tient dans le creux de
sa main, mais, ce faisant, il répète exactement le
geste, inventé par Gillray pour son George III,
considérant, avec la plus extrême curiosité, les ro-
domontades d'un minuscule Bonaparte. La seule
différence est qu'il tient une loupe au lieu d'une
lorgnette. L'idée de montrer les belligérants autour
d'une table de jeu, qui est continuellement reprise
de nos jours, date, nous l'avons vu, de 1499. Celle
de symboliser les nations par des animaux : l'ours
russe, l'aigle allemande, le kangourou australien,

le lion britannique, le dindon turc, est vieille comme le monde, puisque les vignettes du fameux papyrus de Turin : le lion pinçant de la cythare, le marsouin soufflant dans une flûte, le crocodile portant un théorbe, l'âne jouant de la harpe, passent pour figurer l'Éthiopie, l'Égypte et d'autres pays soumis à Ramsès. Le coq, qui joue un si grand rôle aujourd'hui chez Hansi et les autres, figure déjà la France, vers 1707, dans une caricature où l'on voit la reine Anne qui lui rogne les ailes.

Les formules d'exécration, non plus, ne sont guère nouvelles : il en est peu d'employées contre Guillaume II, qui n'aient déjà servi contre Napoléon. Les artistes ne se sont pas même mis en frais de nouveaux traits pour ridiculiser la soldatesque ennemie. Les Anglais et les Français n'ont eu qu'à feuilleter la collection du *Simplicissimus*, pour trouver les types les plus grotesques et les plus réjouissants de « Boches », depuis le général ventripotent et circonspect jusqu'au lymphatique étudiant fourvoyé à la caserne, et depuis le lieutenant aristocrate et penseur jusqu'à la sombre brute. Les Allemands, Bruno Paul et Thony, les avaient tous étudiés et rassemblés depuis longtemps dans leur petit album *Der Soldat*. De même, les Allemands n'ont pas pris la peine d'inventer un type nouveau d'officier anglais : ils ont tout bonnement pris celui de Caran d'Ache et, par exemple, le général du *Simplicissimus*, qui donne commission à la Mort d'aller visiter les cours de Sofia et d'Athènes, paru à la fin de 1915, sort tout droit du *Rire*, du 17 novembre 1900. Pareillement, les innombrables Sphinx, qui s'ébattent dans les feuilles de Berlin, sont la lignée d'une figure de Caran d'Ache, parue dans le *Figaro* du 12 février 1900 et intitulée : *le Sphinx bouge...*. C'est en temps de guerre, surtout, qu'on prend son bien où on le trouve.

Ce goût du pastiche a conduit les artistes à user d'un procédé comique, déjà connu, mais peu employé jusqu'ici : l'adaptation de quelque œuvre d'art célèbre à des idées nouvelles. Nous avons vu la *Parabole des aveugles*, de Breughel, exploitée par le *Simplicissimus* pour railler les chefs d'État alliés conduits à l'abîme par sir Edward Grey, et la *Harpie* de Hans Thoma, détournée de son sens primitif pour incarner le même Edward Grey. Pareillement, un tableau célèbre de Bœcklin, les *Sirènes*, a servi à la *Muskete*, de Vienne, pour symboliser la Russie, la France et l'Angleterre tâchant d'attirer les navigateurs neutres de leur côté. Bœcklin a, d'ailleurs, donné tous les modèles des Neptunes britanniques ridiculisés par l'humour allemand. Un symbole fameux de Sascha Schneider, la Fatalité qui guette l'homme nu et désarmé, a été imité par la même *Muskete*, pour figurer le blocus guettant John Bull sur son île, et par le *Kladderadatsch*, pour montrer Hindenburg, guettant le grand-duc Nicolas. Le *Punch*, de Melbourne, a eu recours au groupe fameux de Frémiet, *Gorille enlevant une femme*, pour stigmatiser l'attitude de l'Allemagne envers la civilisation. Et, chose inattendue, les *Lustige Blaetter* ont réquisitionné le même gorille pour lui faire soutenir la thèse contraire : elles l'ont coiffé d'un béret écossais, par quoi elles donnent à entendre que c'est l'Angleterre, et que la femme désespérée que ce monstre enlève, c'est la Grèce! David Wilson, dans le *Graphic*, a repris un dessin célèbre de Joseph Sattler, la *Mort des livres*. Mais, à la place du squelette qui passait sur les vieux missels, avec des échasses, en y laissant ses traces, on voit le Kaiser, qui souille les précieux vélins, et sur ces vélins on lit : « Histoire de la Civilisation.... La Belgique.... »

Enfin, Albert Dürer lui-même a été requis d'apporter le concours de sa symbolique à l'imagination un peu courte de ses successeurs. Les *Lustige Blaetter* ont reproduit sa planche fameuse : *Le Chevalier, la Mort et le Démon*, en l'accommodant aux idées de M. Maximilien Harden. Le chevalier, c'est Bismarck, qui passe grave, impavide, tout en fer, sur ce fameux cheval, ce cheval de profil, au pas, qui est devenu, depuis Dürer, le thème où s'essaient tous les artistes allemands. La Mort est à pied ; elle a revêtu le *kilt* et coiffé le béret écossais : elle menace, de sa masse d'armes, le chevalier qui n'en a cure. Le même Démon a, pour figurer la Russie, accentué la ressemblance qu'il avait, déjà, chez Dürer, avec un ours, mais un ours de carnaval et il lève sa griffe en vain. Une foule de bêtes rampantes, sifflantes, scorpions, serpents, araignées

géantes, crapauds, — ce sont vraisemblablement
les Neutres, — embarrassent la route : le chevalier
chemine toujours du même pas, sans voir, sans
entendre ce vain bruit de quolibets, et son cheval
placide ne sent même pas les facéties d'un singe
coiffé du képi français, une sorte de *Bandar-Log*
qui gambade et lui tire la queue. A l'arrière-plan,
la forêt et la montagne mystérieuses se sont abais-
sées, et l'on voit, dans la lumière, un ange déployant des inscriptions sacrées. « Bismarck, 1815-
1915. Nous craignons Dieu et nul autre. » La
España, de Madrid, a fait une adaptation semblable, mais sans modifier, autant, l'idée primitive
de Dürer. Chez elle, c'est le Kaiser qui est entré
dans l'armure du chevalier et, à travers la forêt, on
voit brûler la cathédrale de Reims. Ainsi, pour
donner une image saisissante de l'Allemagne contemporaine, il a fallu adapter un dessin vieux de
quatre cents ans.

Toutefois, il y a là un signe que la caricature
élargit ses moyens d'expression. Ce recours à des
formes nobles et à de graves symboles doit retenir
notre attention. Certes, l'évolution symboliste de
la caricature est un phénomène bien antérieur
à la guerre. Elle était nettement perceptible, déjà,
chez les maîtres, il y a une vingtaine d'années.
Mais la guerre l'a précipitée peut-être et, en tout
cas, l'a fait mieux voir. Ce qu'on appelait autrefois,
et ce qu'on appelle encore, par habitude et faute
d'un mot plus précis, une « caricature », dans l'ima-

gerie politique, n'a souvent rien de la « charge » et ne déforme plus du tout les proportions. Il n'y a pas plus de déformations dans les dessins de Bernard Partridge, du *Punch*, qui sont qualifiés « caricatures », que dans les planches de l'*Illustration*, signées de M. Jonas, qui ne le sont pas. Si l'on désigne encore de ce nom les dessins de Raemaekers et de M. Forain, où les figures ne sont point davantage déformées, c'est que ce terme ne désigne plus expressément le grotesque ou la « charge », mais qu'il s'étend à quelque autre chose, dont on n'a pas encore trouvé la définition. Cette autre chose, c'est toute image qui caractérise fortement un état moral ou une attitude politique, sous une forme brève et intelligible à première vue.

Ainsi, le même terme sert aujourd'hui à qualifier trois sortes d'images, tout à fait différentes d'art et d'intention et parfois contradictoires. On appelle « caricatures » les formes exagérées et grotesques, sans légende ni intention morale : c'est la caricature de Léonard de Vinci. On appelle aussi « caricatures » les scènes ironiques par leur intention, sans aucune forme grotesque : c'est la caricature de Gavarni. Mais l'on est encore contraint de donner ce nom, faute d'un autre plus adéquat, à des images où il n'y a plus ni formes grotesques, ni intention ironique, — mais des symboles de gloire, ou des spectacles d'horreur. Quand Raemaekers montre une femme en deuil et ses deux enfants agenouillés dans un coin d'église et réci-

tant : « Notre Père qui êtes aux cieux... », il n'y a
pas plus d'ironie dans la pensée que dans la forme.
Quand les *Lustige Blaetter* dressent le lumineux
fantôme d'Andreas Hofer parmi les neiges des
Alpes, au-dessus d'un chasseur tyrolien et dit :
« Confiez-lui votre Tyrol bien-aimé... », l'ironie
n'est ni dans la forme, ni dans la pensée. Si
M. Forain dessine une paysanne qui guide la char-
rue, tandis que sa petite gamine tire le cheval en
avant et appelle cela : l'*Autre Tranchée*, où est
l'ironie? Si le *Life* fait défiler devant le général
Joffre les ombres de tous les grands capitaines
français qui l'acclament, et si le *Punch* montre la
déesse de la guerre veillant sur le tombeau de lord
Roberts, avec ces mots : « Celui-là fut le guerrier
heureux. Il fut ce que tout homme sous les armes
doit désirer être... » où est, je ne dis pas seulement
l'ironie, mais même l'humour? Dans toutes ces
images, qui ont pourtant paru dans des feuilles
caricaturales, la pensée est admirative ou douloureuse, la forme est réaliste ou académique. C'est
la forme habituelle aux peintres de genre ou de
scènes « vécues ». La seule différence, — ce qui
distingue nettement l'œuvre du caricaturiste de
l'autre, — c'est qu'au lieu de chercher simplement
à faire « voir », il vise à faire « penser ».

Voilà pourquoi, en dernière analyse, les mythes
les plus anciens, les légendes les moins scientifi-
ques, ont subitement réapparu dans ces petits mi-
roirs de la mentalité contemporaine. C'est, là, un

phénomène constant. Tant qu'il s'agit de petits ridicules, d'ambitions médiocres, ou même de crimes mesquins, l'ironie trouve, pour les flétrir, des formules dans l'immédiate réalité. Mais quand les événements dépassent le train ordinaire de la vie, lorsqu'il faut évoquer quelque chose de grand, d'impressionner vivement les âmes, l'artiste est obligé de faire appel aux souvenirs bibliques, aux histoires traditionnelles qui nous arrivent toutes chargées d'images et de rêves, du fond d'un lointain Passé.

Pour figurer le cataclysme mondial nié, jusqu'ici, par la raison humaine, et les forces secrètes et incoercibles qui l'ont déchaîné, il retourne, d'instinct, aux conceptions épouvantées de l'An mil, aux images du xiiie et du xive siècle. Le Prince des Démons, avec ses cornes, ses griffes et ses ailes de chauve-souris, quitte le tympan des vieilles cathédrales, la « pesée des âmes », les chaudières où « damnés sont boullus », et opère une rentrée triomphale aux kiosques des boulevards et dans les bibliothèques de chemins de fer, partout où l'on débite l'ironie vengeresse et le symbole à bon marché. Raemaekers, Edmund Sullivan, Will Dyson, la plupart des caricaturistes américains et allemands l'enrôlent dans leur troupe et en tirent des services éminents. Circé a quitté son rivage antique pour venir, chez Dyson et Sullivan, verser son breuvage maléfique aux « Boches » de 1914. La vieille *Mort* d'Holbein est rentrée dans le cycle habituel des figures qu'on voit dans les journaux.

Il ne faut pas trop nous en étonner. L'imagination plastique de l'homme est beaucoup moins étendue qu'on ne le croit et surtout moins variée. C'est la Nature qui est variée infiniment. Un seul coup de sonde, au fond de la mer, ramène plus de monstres que n'en ont jamais enfanté, dans les bestiaires, les volucraires ou les cathédrales, tous les cerveaux du xiiie siècle, appliqués à s'évader de la Nature et à découvrir de l'irréel. On vit, dès qu'on touche au symbole, sur les formes du Passé. Et ce sont les êtres surnaturels rêvés par Orcagna, pour le Campo Santo de Pise, qui reviennent, aujourd'hui encore, incarner les Puissances du Mal dans le *Life* de New York, ou la *Ulk* de Berlin.

Et aussi les Puissances du Bien. On ne s'expliquerait pas, autrement, la présence du Christ dans ces petits dessins autrefois qualifiés de « caricatures ». Or cette présence est fréquente. Il apparaît chez Raemaekers ; il est visible dans le *Bulletin de Sydney*, en France, dans les estampes, jusque dans des cartes postales populaires, toutes les fois que la prétention des Allemands d'être le « fléau de Dieu » provoque chez nous un sursaut d'indignation. Le contraste entre l'esprit de l'Évangile et leurs actes est si flagrant, que les peuples le moins habitués à transposer leurs idéals en des symboles bibliques et religieux ont senti le besoin de protester. En entendant les faussaires et les assassins dire : *Gott mit uns!* les gens mêmes qui n'avaient nullement l'habitude de faire intervenir l'idée de la divinité dans leurs spéculations théoriques se sont révoltés, leur ont dénié le droit d'invoquer cette idéale figure de la Justice et l'ont revendiquée pour eux-mêmes. D'ailleurs, il n'y a pas, là, contradiction. L'esprit moderne et le Christianisme se rejoignent pour condamner l'un le but, l'autre les moyens du Pangermanisme. Il est donc naturel que la figure de la Civilisation et la figure du Christ apparaissent toutes les deux, trahies et bafouées par ces prétendus civilisés et ces pseudo-chrétiens, pour les désavouer et pour les maudire.

Seulement, ces deux principes ne sont pas de la même ressource pour l'artiste. Civilisation, Huma-nité, Charité, Justice : ce sont, là, des termes abs-traits, froids, impossibles à figurer en des images, sinon par des allégories féminines, qui voudraient aussi bien dire : Hygiène, Poésie, Assistance Pu-blique, Hiver ou Eté. La figure du Christ apparais-sant, les résume, les incarne, leur prête la vie, — sa vie, qui fut tout ce qu'on attend d'elles, qui les mit en action et, pour ainsi dire, en tableaux sen-sibles à tous les yeux. C'est pourquoi sans le vou-loir, sans le dire et presque à leur insu, les nouveaux symbolistes l'ont évoquée. Ils ont montré le Christ enfant se détournant à la vue des monstrueux pré-sents des nouveaux rois : l'obus du Kaiser, le 305 de François-Joseph, le cimeterre du Sultan ; ils l'ont figuré sur sa croix, barrant le chemin au militarisme bardé de fer et abattu par lui à coups de hache ; ils l'ont dressé, lumineux fantôme, comme un re-mords vivant, devant l'Empereur épouvanté.

Il n'est même pas besoin qu'il parle. Sa seule présence est une condamnation. Toute la dialectique des théologiens d'outre-Rhin ne prévaut pas contre la vue des cadavres, des femmes en pleurs, des enfants mourant de faim, des noyés, des ruines. « Vous jugerez l'arbre à ses fruits », dit l'Évangile. L'artiste fait de même : il montre ce qui est arrivé. Les causes échappent à son crayon, mais l'effet est de son domaine et l'effet n'est pas beau, il n'est pas souhaitable, il n'est pas excusable. L'image qu'il en donne, soit qu'il reproduise les réalités, soit qu'il s'élève jusqu'aux symboles, inspire l'horreur de ce qui a pu produire de tels fruits. La caricature, dans son ensemble et par ses maîtres les plus incisifs, s'est déclarée contre la guerre.

Mai 1916.

LA NOUVELLE ESTHÉTIQUE
DES BATAILLES

Une guerre s'est déchaînée qui a changé toute la
physionomie de notre planète, déconcerté toutes
les prévisions, démenti tous les prophètes, bouleversé les théories les mieux établies des stratèges,
des ingénieurs, des économistes, des hygiénistes
et des statisticiens, consterné les diplomates, stupéfié
les chimistes, interloqué à un égal degré les sociologues et les cuisinières. Sur toute la surface du
globe, elle a modifié les conditions de la vie publique et privée, du travail, de la liberté, de la socia-
bilité, du crédit et même du pot-au-feu, répandu le
superflu et raréfié le nécessaire, enrichi ou ruiné
des gens qui ne s'attendaient nullement à un chan-
gement de fortune, fait apparaître dans des pays
autrefois gorgés de victuailles le spectre de la
famine, mélangé toutes les races et toutes les conditions, interverti l'ordre des valeurs sociales,
abattu des trônes, avancé les horloges, ramené du
fond du Passé des engins oubliés qu'on croyait
désormais inutiles et arraché à l'avenir des progrès
qu'on croyait impossibles, dissocié et fait éclater
en morceaux ce qui semblait cimenté pour toujours,

uni et fondu ce qui semblait prêt à se dissoudre. Bien plus, elle a révélé, chez certaines races, des rancunes et des convoitises qu'on disait disparues depuis des siècles et, chez d'autres, des sources d'héroïsme et de foi qu'on s'imaginait taries, déterminé ainsi une régression vers les âges de barbarie, et avancé de plusieurs siècles le sentiment de la fraternité; ramené les esprits les plus raffinés et les plus spéculatifs sur les conditions primordiales de l'existence et élevé les esprits les plus vulgaires à des entités et des abstractions qu'ils n'avaient jamais envisagées. Bref, elle a ébranlé notre vieux monde comme nulle autre guerre ne l'avait fait, ni en étendue ni en profondeur : elle n'a rien changé au *Salon* de peinture.

Celui qui vient de s'ouvrir, paisiblement, à la date accoutumée, est le même qu'avant la guerre. La seule différence est qu'au lieu de se faire au Grand Palais, il se fait au Petit, qui, jusqu'ici, était plutôt réservé aux Rétrospectives. Aussi a-t-il pris lui-même les allures d'une Rétrospective. On y voit des œuvres de Puvis de Chavannes, de Carrière, de Rodin, de Carolus-Duran, d'Harpignies, d'Edgar Degas. Ce sont des ancêtres. Les derniers, il est vrai, ne sont morts que depuis peu, mais leur vertu était depuis longtemps épuisée. Il faut remonter à quinze ans en arrière pour se rappeler d'eux quelque œuvre digne de leur nom.

Seuls, parmi les artistes récemment disparus, Rodin et Saint-Marceaux ont été surpris par la mort en plein travail et pouvaient encore nous donner quelques belles émotions d'art. Les autres appartiennent à une époque entièrement révolue. Quant aux artistes vivants, ils ne semblent pas avoir été touchés par la grâce des temps nouveaux. Ils continuent vaillamment, — car il faut pour cela une certaine vaillance, — à faire de la peinture, mais c'est la peinture d'avant la catastrophe et d'avant la gloire. Ni leur faire, ni leur inspiration n'ont changé. Par où l'on voit qu'il n'y a pas un rapport étroit, ni surtout immédiat, entre les secousses les plus formidables du continent et le sismographe subtil où s'enregistrent les moindres frémissements de l'âme. Il est plus facile à un souverain mégalomane de mettre le feu à la planète que d'introduire un ton nouveau ou une ligne imprévue dans la peinture de son temps.

Pourtant, à défaut d'une technique, il y a un « genre » qui devrait être galvanisé et renouvelé par la guerre : c'est la peinture militaire. Elle le fut, dès le lendemain de la guerre de 1870, par Alphonse de Neuville. Beaucoup se souviennent encore de l'impression profonde que firent, dans les premiers *Salons* qui suivirent l'Année Terrible, dès 1872 et 1873, l'apparition de ces lignards ou de ces mobiles, si différents des imperturbables héros de David : ces êtres souffrants, saignants, boueux, affamés, piétinant dans la neige, les décombres, dans les bois dénudés par l'hiver, sous les fumées déchirées par le vent, disputant pied à pied à l'envahisseur le champ, le village, la forêt, le parc, le mur, — notations émues d'un combattant, qui préfiguraient pour les esprits attentifs tant de choses de la présente guerre.

Il semble qu'aujourd'hui un même renouveau dans le tableau de bataille ait dû se produire. Cette guerre, dit-on, ne ressemble à rien de ce qui l'a précédée. Elle doit donc renouveler son image. Les témoins ne manquent pas. Les artistes aux armées sont nombreux. L'équipe des « camoufleurs » en compte de célèbres. Dans toutes les armes, il s'en trouve. Quelques-uns des combattants ont pu travailler, prendre au moins quelques croquis. Ceux de M. Georges Leroux, d'un accent si ferme et si sûr, de M. Charles Hoffbauër, puissant coloriste, de M. Louis Montagné, de M. Mathurin Méheut, de M. de Broca, de M. Georges Bruyer, de M. Bernard Naudin, du lieutenant Jean Droit et de l'héroïque Ricardo Florès sont précieux. D'autres, sans combattre eux-mêmes, ont pu suivre l'armée, prendre part au spectacle et au danger. Quelques-uns, en le faisant, n'ont fait que reprendre le chemin de leur jeunesse. M. Flameng, qui avait abandonné les fastes de l'épopée napoléonienne pour peindre le portrait de ses belles contemporaines, s'est remis à fourbir des armes et à allumer des explosions. M. Le Blant, qui avait renoncé à précipiter des Chouans contre des habits bleus pour guetter les passages fugitifs de la lumière sur des scènes rurales, a repris le crayon qui traçait les silhouettes héroïques. Déjà, on a pu voir plusieurs de ces notations à la galerie Georges Petit, entre autres à l'exposition des dessins de M. Georges Scott, des aquarelles de M. Jean Lefort, des paysages de guerre de M. Joseph Communal, puis au Luxembourg, où de nombreux peintres ont mis leurs études : un grand nombre de témoins ont apporté leur témoignage à *l'Illustration*. M. Duvent et M. Vignal y ont donné d'admirables et sinistres vues de *Ruines*. M. Lucien Jonas y a dessiné des types de poilus qui deviendront peut-être classiques à l'égal des grognards de Raffet et de Charlet. On a pu deviner quelque chose des combats et des bombardements aériens par les tableaux de M. Bourguignon et plus récemment de M. Léon Félix. Enfin, pour contrôler la vérité documentaire des tableaux imaginés par les peintres, on a vu, au pavillon de Marsan, l'Exposition de la Section photographique de l'Armée. Nous possédons ainsi des éléments suffisants pour imaginer en quoi les aspects nouveaux du champ de bataille, de l'action et de l'homme, diffèrent de ceux d'autrefois, le parti que l'Art peut en tirer, en un mot quelle est « la nouvelle Esthétique des Batailles » (¹).

---

1. Cf. sur les anticipations de la guerre actuelle *L'Esthétique des Batailles,* dans la *Revue des Deux Mondes* du 1er août 1895 et dans le *Miroir de la Vie,* Hachette, 1902 ; et les *Peintres de la Nuit, Revue des Deux Mondes* du 15 mai 1909 et *Craintes et espérances pour l'Art, ibid.,* 1er juin 1911.

CHAPITRE I

LE TERRAIN

D'abord, sur le théâtre de la lutte ou son décor.
Il serait bien étrange qu'il n'eût pas été modifié par
les omnipotents engins de destruction récemment
mis en œuvre, — et, en effet, il l'a été. Ce n'est plus
le riche paysage d'autrefois, complexe et vivant,
des anciens tableaux de bataille, où les arbres éle-
vaient paisiblement leurs dômes de feuillage au-
dessus de la mêlée, où les moissons continuaient à
croître autour des foulées du galop, où les boulets
déchiraient, çà et là, les rideaux de verdure, mais
sans les décrocher ni en joncher le sol : c'est une
terre nue et aride, bouleversée, retournée, émiettée,
par le pilonnage des « marmites », couverte des
débris de choses concassées, indiscernables, criblée
d'entonnoirs, comme de fourmis géantes, un désert
pêtré où rien ne croît, rien ne bouge, rien ne vit, —
sauf parfois un arbuste miraculeusement préservé,
qui fleurit et tremble au vent, un oiseau qui se pose,
une fontaine qui continue à épancher ses eaux inutiles au milieu d'une zone de mort, objets devenus
intangibles, *tabou*. Une invisible menace suspendue

sur tout ce théâtre empêche une silhouette humaine de s'y aventurer : c'est le *no man's land.*

Dans le ciel, de petits nuages artificiels, des flocons blancs qui parfois se rejoignent en une longue vapeur, çà et là, une lourde colonne de fumée violacée ou safran, debout et immuable comme un champignon charnu, — la fumée d'une explosion, et plus haut, la flèche ailée des avions, ou la chenille de la « saucisse », avec sa queue de petits parachutes. Tout cela mobile, poussé par le vent ; mêlé aux nuages vrais, traversé par la lumière naturelle, enflammé par le soleil, forme un spectacle infiniment plus vivant, plus varié et plus coloré au-dessus qu'au-dessous de la ligne d'horizon.

Le regard, en s'abaissant sur la terre, ne retrouve que le vide ou des détritus amorphes et inorganiques. Là où fut un bois, un jeu de quilles ébréchées et pointues ; là où fut un village, un semis de jonchets, là où fut un fort, une moraine de décombres : au premier plan, le réseau vermiculé des tranchées, reconnaissables à leurs bourrelets de terre, l'entrée de quelque casemate s'ouvrant comme une gueule de four, des sacs de terre gris empilés, des rondins assemblés, quelque chose au ras du sol qui évoque des isbas enterrées ou des tanières, parfois, à l'arrière, des habitations improvisées faites des matériaux les plus hétéroclites, auprès desquelles les maisons des zoniers sont des chefs-d'œuvre de symétrie : — tel est le décor que trouvent les peintres qui veulent situer une bataille.

Il est à peu près nul. Si donc le peintre veut exprimer ce qu'il y a de vraiment nouveau et de caractéristique dans le théâtre de la guerre, tel que l'ont fait les explosifs, il ne doit pas s'acharner à peindre un « champ » de bataille : il doit peindre un « ciel de bataille ». Ainsi van Goyen, dans ses *Marines*, exprimait en réalité des ciels sur la mer. — Montrer la tache d'encre que fait, au milieu d'une nature radieuse de soleil, la fumée de l'obus qui éclate; dresser, au-dessus des villes ou des villages bombardés, la colonne d'or que forme en s'élevant dans l'air la fumée de l'obus incendiaire; marquer d'un violet sale le point où une mine explose; gonfler autour des avions qui passent les petits flocons clairs ou noirs des « fusants », qui les poursuivent au vol; parsemer l'horizon des légères bouffées de vapeur blanche qui semblent sortir du sol, là où a éclaté un obus dans le lointain bleuâtre où tout se confond; et surtout pénétrer toutes ces splendeurs mortelles des rayons réverbérés de la terre et du ciel; les harmoniser, dans la sérénité lumineuse de l'immense nature : — telle est, s'il veut bien la comprendre, la tâche du paysagiste de bataille. On a déjà vu, à la galerie Georges Petit, dans les études d'un combattant de Verdun, M. Joseph Communal, le parti qu'un vrai coloriste peut tirer de ces spectacles nouveaux. Il y a vraiment un tableau dans le ciel.

Il y en a un aussi sous la terre. Le feu intense de l'artillerie moderne, en supprimant le spectacle de l'activité humaine sur la surface du sol, a suscité tout un fourmillement de vie souterraine. Le combattant, pour échapper à la mort éparse dans l'air, a fouillé le sol de plus en plus profondément, plus loin que les racines des arbres, à travers les stratifications diverses, et puis, il a poussé ses rameaux de combat vers l'adversaire, sous les pieds de l'ennemi, et allumé ses camouflets. Il s'est astreint à une vie de troglodyte et de mineur. Ce que nous imaginons de l'habitat ordinaire des hommes préhistoriques, dans leurs cavernes, se reproduit, ramené, comme en un cycle de fer, par les conditions que nous font les plus récents progrès de la Science. De là, un décor nouveau et fort inattendu : celui d'une cave mal éclairée, voûtée de roches ou de rondins, où un mince filet de lumière venue d'un jour de souffrance, parfois une chandelle fumeuse éparpillant sa pauvre clarté dans l'obscurité oppressante ; une lanterne déployant un éventail de lumière aux branches d'ombre ; une ampoule électrique émettant son éclat immobile et blême, peuplent les parois d'ombres chinoises. C'est l'ambiance d'un cabinet d'alchimiste ou de souffleur ou d'une oubliette moyen-âgeuse.

Pareillement, les chefs que l'ancien tableau de bataille montrait, caracolant sur un cheval fougueux en plein soleil, ou escaladant, le chapeau piqué au bout de leur épée, des gradins de franchissement, parmi les rayons, les reflets, sous les ombres changeantes des nuages et la vie étincelante des champs, les écharpes déroulées sous la brise, les longs cheveux flottants au vent, sont là, immobiles et solitaires dans le décor où Rembrandt place son *Philosophe en méditation*. C'est un décor tout nouveau pour un tableau de bataille. Jamais guerre n'a été moins que celle-ci une guerre de « plein air ». L'artiste, qui voudra en dégager le trait le plus nouveau et le plus caractéristique, devra donc s'astreindre aux effets de clair-obscur, oublier les théories intransigeantes de l'Impressionnisme et se remettre à l'école des Rembrandt et des Nicolas Maes.

Il fera bien, aussi, de demander conseil à M. Le Sidaner et à certains *Nocturnes* de Whistler, car ce n'est pas seulement la demi-obscurité de la tranchée ou de la *cagna* : c'est la nuit qu'il devra peindre, la nuit en plein air et semée de feux. C'est un des aspects les plus nouveaux et les plus curieux de la guerre moderne : je ne dis pas des plus inattendus. Il était aisé de prévoir et l'on a prévu, en effet [1],

1 Cf. la *Revue des Deux Mondes* du 15 mai 1909, *Les Peintres de la Nuit* : « Dans la guerre moderne, on escompte, afin d'atténuer l'effet des armes à trop longue portée, la complicité de l'ombre. Quand nous voyons, dans les Expositions, ces énormes réflecteurs braqués comme des mortiers sur le ciel, il ne faut point nous fier à leur apparence débonnaire. Ces rayons blêmes, qui tournent nonchalamment, seront les regards de l'armée pour l'assaut de nuit; ces fines voies lactées seront des chemins ouverts aux obus. Il y a une correspondance,

que le combattant moderne ferait de la nuit sa complice afin de déjouer le tir trop précis des engins qui visent. La nuit favorise non seulement les attaques d'infanterie, mais les travaux d'approche à exécuter sur le front et les raids d'aviation. De là, pour se garder, la nécessité d'illuminer, de temps à autre, le *no man's land* et le ciel : les fusées éclairantes révélant brusquement un paysage lunaire, avec ses cratères en miniature et ses chaînes de montagnes pour Lilliputiens ; les projecteurs promenant leurs longs pinceaux livides sur le ciel ou le sol, et allant réveiller des formes endormies, fantômes d'églises ou de maisons, sortes de menhirs debout sur la lande, flaques d'eaux qui deviennent d'éblouissants soleils, et, çà et là, tout près, une bonne grosse figure de « poilu », aussi surprise et surprenante que l'apparition d'un homme dans la planète Mars. M. Joseph Communal a déjà donné de saisissantes visions, qui montrent ce qu'on peut attendre de ces effets de nuit.

Sur mer, le spectacle n'est pas moins précieux pour le coloriste et M. Léon Félix a pu étudier, du haut d'un dirigeable, les émeraudes, enchâssées par les mines sous-marines dans le saphir sombre de la Méditerranée, les topazes et traînées de rubis qu'y accrochent les dragueurs et, derrière, les flotteurs

quoique tout à fait fortuite, entre ces nécessités de la vie moderne et sa moderne beauté. En s'y attachant, l'Art éveillera donc tout un monde nouveau, non seulement de sensations, mais d'idées. »

qui soutiennent les dragues, et l'ombre portée du dirigeable, devenu par une illusion d'optique, un gigantesque squale nageant entre deux eaux.... Enfin, les bombardements de nuit, comme celui qu'a peint M. Flameng, *Arras, du 5 au 6 juillet 1915*, font apparaître dans le ciel nocturne un spectacle infiniment plus varié qu'autrefois. La pyrotechnie moderne est multicolore et multiforme : les obus fusants, les incendies, les explosions de munitions, les projections électriques, les signaux lumineux, les flammes de Bengale, parent d'une joaillerie splendide l'œuvre de mort. Au-dessus des villes menacées par les vols nocturnes, le grand coup d'éventail des projecteurs lumineux achève d'animer le ciel.

Et ce qui a été noté est peu de chose auprès de tout ce que le peintre pourrait nous révéler sur les nuits de guerre : le feu follet, rouge clair, des canons tirant dans l'obscurité, qui piquent l'ombre de leurs éclipses précipitées ; la blancheur spectrale des fusées éclairantes, retombant lentement sur le sol avec tout leur éclat, ou demeurant suspendues à la même place jusqu'au moment où elles s'éteignent ; le lugubre incendie des flammes de Bengale empourprant tout le ciel durant une demi-minute ; les perles rouges, jaunes, vertes des fusées employées pour les signaux, se groupant parfois en grappes lumineuses suspendues dans les ténèbres ; la longue chevelure rouge qui suit l'explosion des fusées lancées par les avions ennemis rentrant dans leurs lignes ; les voies lactées formées par les fusées allemandes dans les coins du ciel où un bruit de moteur leur fait soupçonner un avion ; l'éclairage immobile des chenilles incendiaires, flottant dans le ciel en attendant le malheureux papillon humain qui viendra s'y brûler les ailes, s'il touche le fil qui relie les globules de feu ; l'ascension quasi indéfinie des boules blanches montant, l'une après l'autre, comme les gouttes d'un jet d'eau lumineux ; la courbe fulgurante de ces étoiles filantes que sont les balles « traceuses » ; parfois enfin, la fixe clarté d'un projecteur, découpant le voile de la nuit dans un quart de ciel : — telles sont, avec mille autres notations plus subtiles, que les mots ne peuvent rendre, et combinés avec les clartés naturelles, les thèmes d'une richesse inouïe offerts au coloriste par la bataille nocturne. Voilà donc, avec le *no man's land* et l'animation du ciel pendant le jour, le troisième trait esthétique de la guerre moderne.

Un quatrième est l'abondance et la qualité des *Ruines*. Certes, ce n'est pas la première guerre qui ait fait des ruines, — elles en ont toutes fait, — mais c'est la première, du moins dans les temps modernes, qui en ait fait de si complètes et de si précieuses. Depuis des siècles, on n'avait pas rasé une ville, ni détruit un chef-d'œuvre. Sur les champs de bataille, on voyait, çà et là, une ruine : maintenant, ce sont des paysages de ruines : Louvain, Nieuport, Arras, Ypres, Gerbéviller, Sermaize-les-Bains, Péronne, Loos, cent autres jusqu'à Reims, systématiquement détruits, effacés de la surface de la terre. L'horreur de ces destructions est telle qu'elle finit par paraître grandiose, presque à l'égal des grandes convulsions du globe. Quand on regarde les photographies d'Ypres prises, de haut en bas, à 400 mètres, en avion, par l'*Australian official*, on croit être devant des fouilles faites sur un terrain autrefois comblé par l'éruption d'un Vésuve du Nord ; l'échiquier des rues et des places se devine encore, mais à peine ; les fondations des maisons et des palais se dessinent, çà et là, en géométral. Quelques pans de murs, miraculeusement préservés, se dressent par endroits : c'est un spectacle qu'on n'aurait jamais attendu des temps modernes.

Le crime des Allemands, ce n'est donc pas d'avoir commis des actes dont les siècles passés n'avaient jamais donné l'exemple et d'ouvrir une ère nouvelle dans l'histoire : c'est, au contraire, d'avoir renouvelé la barbarie des siècles morts, barbarie jugée et condamnée, dès longtemps, par la conscience universelle ; c'est d'avoir fait apparaître, en plein xxᵉ siècle, l'âme d'un Charles le Téméraire brûlant Dinant et Liége, d'un Alphonse d'Este, faisant un canon d'une statue de Michel-Ange, ou de ces archers qui, à Milan, dans la cour du *Castello*, prenaient pour cible le monument équestre de Sforza par Léonard de Vinci.

Ce n'est donc pas la première fois qu'on a détruit des chefs-d'œuvre, mais c'est la première fois que cette destruction a eu un tel retentissement dans les âmes, des « harmoniques » aussi longues, quasi infinies. Ainsi, ce n'est pas la guerre qui a tant changé : c'est nous, — nous tous à l'exception des Allemands, lesquels semblent être restés contemporains des époques où ces sacrilèges paraissaient naturels à tout le monde. Vainement, avaient-ils accumulé, — sans doute pour donner le change au monde civilisé, — leurs écoles d'art, leurs instituts ou missions archéologiques et l'innommable fatras de leur érudition sans lumière et de leur esthétique sans tendresse : ce n'était qu'une façade. Des canons Krupp étaient derrière, prêts à bombarder les cathédrales si savamment décrites par eux en ces monographies, qui apparaissent maintenant ce qu'elles étaient réellement : des nécrologies. A la lueur des incendies de Reims ou d'Amiens, tout le monde aperçoit ce que la lecture de leurs ouvrages sur l'Art aurait suffi à nous révéler : une indifférence profonde et peut-être une haine secrète pour la Beauté.

On comprend que ces Ruines nous soient doublement chères. Aussi, est-ce la première fois qu'on a eu l'idée de faire des tableaux entiers et pour ainsi dire des « portraits de ruines ». M. Duvent. M. Vignal, M. Flameng, M. Mathurin Méheut, M. Louis Arr en ont donné d'excellents exemples. On y voit des défilés d'architectures écroulées, jusqu'à l'horizon, un rêve ou plutôt un cauchemar de Piranèse, des choses pyramidales et dentelées comme une chaîne des Dolomites, calcinées et titubantes, — çà et là, une aiguille restée debout au coin d'une tour, une porte béante sur le vide, un escalier tournoyant dans le ciel. Lorsqu'il n'a pas allumé l'incendie qui détruit tout, l'obus a sculpté curieusement la pierre : il a rasé le beffroi à son premier étage et le ramène aux dimensions du xv⁰ siècle ; il a creusé son hublot près de la rosace, détaché le Christ qui reste pendu par un bras à la croix vide ; décapité les statues, exhumé les morts, suspendu aux voûtes des anneaux de lumière.

Dans l'écroulement d'une église, parmi les gravats, les décombres, l'âpre poussière soulevée par l'effondrement des plâtras, les vieux appareils de construction mis à nu, parfois une vision idéale de paix apparaît : une Vierge dans sa niche continue son geste de protection, un orgue devenu inaccessible, suspendu dans les airs, attend qu'on le touche, un flambeau, qu'on l'allume, une cloche qu'on la fasse parler. Une maison éventrée laisse échapper ses meubles, son lit, son matelas, son linge ; le plancher verse, et par la paroi abattue, on aperçoit tout ce qui faisait son intimité : une pendule paisible sur la cheminée, des photographies, des fleurs. C'est un petit tableau d'intérieur ou de genre cloué au milieu d'une fresque épique, une sorte de *Jugement dernier :* Pieter de Hooch chez Michel-Ange.

Voilà, donc encore, un aspect nouveau. Mais remarquons-le bien : si tout cela est dû à la guerre et se voit sur le théâtre de la guerre, ce n'est point du tout le « champ de bataille ». Revenons-nous sur le terrain même de la lutte, nous n'y trouvons guère de ruines visibles, si ce n'est quelques ruines végétales. L'obus a fait table rase. Au bout de quelques jours de pilonnage, il n'y a plus rien. C'est sur ce « rien » que le peintre moderne doit déployer l'action de ses combattants.

CHAPITRE II

L'ACTION

Un soldat de 1914 décrit les sensations éprouvées lors de son premier repos, après les durs combats qui ont sauvé la France : il est dans une maison de campagne et, pendant le peu de temps que dure cette halte, il jouit délicieusement de la détente : entre autres objets calmes et familiers de la vie d'autrefois, ses yeux tombent sur des journaux illustrés représentant les derniers événements de la guerre. Il se précipite et les interroge avidement : enfin, il va savoir à quoi peut bien ressembler une bataille !

Ce trait, sans doute, n'est point absolument particulier au soldat de cette guerre : de tout temps, il y a eu des soldats qui ont figuré dans une action sans la voir. Mais, jadis, il y avait, du moins, quelqu'un qui la voyait : chefs ou aides de camps, estafettes, aérostiers, artistes parfois chargés de la dessiner. Un Denon, un Lejeune ou un Vereschaguine pouvaient rendre compte d'un spectacle d'ensemble, parce qu'il y avait un spectacle d'ensemble visible, qui avait un commencement, un milieu et une fin, qui se déroulait d'ordinaire entre le lever et le coucher du soleil, à travers ses nombreuses péripéties, graduées pour soutenir l'intérêt, qui obéissait, en un mot, à la règle des trois unités : lieu, temps et action. Parfois, il est vrai, la bataille s'y conformait dans le récit mieux que dans la réalité : il n'était pas rare que le grand chef la composât, après coup, comme une tragédie classique, après l'avoir livrée au petit bonheur comme un pot-pourri. Mais elle se laissait faire, et très souvent elle se composait d'elle-même aux yeux des témoins. Il est évident, par exemple, que des actions ramassées et précises comme celles de Fontenoy ou d'Austerlitz se dessinaient sur le terrain avec une netteté suffisante pour que le peintre n'eût qu'à les reproduire telles quelles. Blaremberghe a pu faire voir, comme les habitants de Tournay l'avaient vu, le 17 mai 1745, l'action des escadrons blancs et bleus du maréchal de Saxe, disloquant l'énorme colonne rouge du duc de Cumberland, après que les canons, visibles aussi, y avaient pratiqué une entaille. Horace Vernet a pu montrer, dans son *Montmirail*, le mouvement de la vieille garde abordant en colonnes serrées la garde impériale russe, et quant aux manœuvres fameuses qui amenèrent jadis l'écrasement de la Prusse et de l'Autriche, elles ont quelque chose de si plastique et de si défini, qu'on a pu parler de l' « Esthétique napoléonienne ».

Aujourd'hui, les batailles sont gigantesques, interminables et amorphes. Personne ne les voit plus se développer sur le terrain, ni les armées évoluer comme des organismes vivants, marcher à leur rencontre, s'enserrer, se pénétrer, se disjoindre : on ne les voit plus que sur des cartes de géographie. Fréquemment, les lettres écrites par les combattants ou leurs notes de carnets et les livres déjà parus sur la guerre témoignent de la stupéfaction que leur cause cette absence de spectacle. Sur la foi des tableaux de la grande galerie, à Versailles, ils s'imaginaient qu'ils apercevraient deux armées aux prises, des masses de combattants, coude à coude, montant à l'assaut ou croisant la baïonnette, des escadrons entre-choqués, des chevaux se mordant au poitrail, des baïonnettes affrontées jetant des buissons d'éclairs, des mises en batterie au grand galop, déployées et régulières, des gestes grandioses profilés sur un horizon de flammes, des chefs, enfin, sur des chevaux cabrés, désignant à leurs aides de camp la bataille, qu'ils semblent dessiner du bout de leur cravache sur la toile de fond : — ce qu'ont décrit le général Lejeune, le commandant Parquin, le capitaine Coignet, le général Thiébault, le grenadier Pils, le prince de Joinville, le général du Barail et tant d'autres témoins oculaires et sincères des combats d'autrefois.... Rien de tout cela. « On ne voit au front, écrit un officier d'artillerie de 1915, que très peu de combattants. Ceux-ci sont couchés avec leurs canons sous des verdures de sapin, des branchages, des terrassements ou avec leurs fusils dans des tranchées. Les uns et les autres ne voyagent que la nuit. Le jour, on rencontre seulement des ouvriers bûcherons, des terrassiers ou des rouliers pilotant paisiblement des voitures de toutes sortes. Tout ce monde-là est silencieux et calme et semble regarder en dedans. Entre les deux lignes, on s'attend à plus d'animation ; on entend, en effet, gronder les obus dans le ciel et crépiter les mitrailleuses, mais on ne voit rien, rien! Avec une jumelle, peut-être? Rien non plus. Cependant, on sait que si on montre sa tête, on entendra immédiatement siffler une balle ou se déclencher une mitrailleuse. C'est poignant de penser à toutes ces paires d'yeux qui surveillent à chaque seconde l'espace désert. Voilà comment nous avons passé notre hiver [1] ».

Lors d'une attaque, l'animation est plus grande. Toutefois, il n'y a plus de ces charges de cavalerie qui donnaient aux peintres l'occasion d'appliquer leur science du cheval, et des dernières découvertes de la chronophotographie, ni la ruée montante des assauts en masses serrées, comme celui de Constan-

---

1. Cf. la *Revue des Deux Mondes* du 1er juin 1911, *Craintes et espérances pour l'Art* : « Le peintre ne peut donc montrer deux armées aux prises. Il pourrait se borner à montrer les gestes d'un seul parti, mais les gestes particuliers au combat se réduisent à fort peu de chose. Ils ne diffèrent plus sensiblement des gestes d'un mécanicien, d'un arpenteur, d'un affûteur ou d'un cavalier ordinaire, en pleine paix. Les uniformes mêmes pâlissent. *Le tableau de bataille n'est donc plus qu'un paysage animé par des fumées, bouleversé par des retranchements, traversé par des ambulanciers, des télégraphistes, des automobiles, des bicyclistes* : il peut y avoir, là, des sujets pittoresques, mais sans rien qui montre la lutte ou la bataille. »

tine, ni le récif des bataillons formés en carré, submergé par les vagues de la cavalerie, comme ceux de Waterloo, ni même les surprises de l'embuscade, de maison à maison, qui fournirent à Neuville tant d'épisodes pittoresques. Tous les témoins, dans leurs notes ou dans leurs croquis, nous montrent ceci : des hommes dispersés s'avançant rapidement, mais sans mouvements démonstratifs, ni même révélateurs de leur action, le fusil à la main, comme à la chasse, posément, comme s'ils faisaient une promenade. Ils ne s'arrêtent pas pour tirer. On tire sur eux, mais ceux qui tirent sont invisibles, — cachés dans des trous, des « nids de mitrailleuses », ou à plusieurs lieues de là, les canons. Toute l'action est dans les rafales de l'artillerie qu'on ne voit pas, dont on ne voit que les effets : çà et là, un homme s'affaisse comme pris d'un mal subit. Toute la beauté ou l'élégance, si l'on peut dire, est dans les âmes qu'on ne voit pas davantage. Toute l'union ou la cohésion est dans les volontés, qui ne sont pas des objets qu'on puisse représenter par des lignes et des couleurs. En apparence et pour l'œil, ces hommes marchent sans lien, sans guide, sans but. Ce qui fait la beauté dramatique de cette promenade, c'est le passage incessant de l'obus ou la pluie de balles, qu'on n'aperçoit point, ou encore des gaz asphyxiants qui n'ont pas, on l'imagine, une forme plastique assez définie pour qu'on la représente. La fumée enveloppe, d'ailleurs, le peu de combattants que l'artiste pourrait peindre.

Le soldat, lui-même, se détache fort peu sur le milieu coloré ; tous les progrès tendent à l'y confondre, « déguisé en invisible » ; et mieux encore que les progrès, la boue, — la boue de la Woëvre surtout, — l'a enduit d'un tel masque terreux, qu'on croirait voir des statues d'argile ou des « hommes de bronze » en mouvement. Nous voilà loin des dolmans, des pelisses, des brandebourgs, des flammes aurore ou jonquille, des kolbacks, toutes les bigarrures dorées, étincelantes du premier Empire, qui semblaient destinées à éblouir l'ennemi et donner à la mort un air de fête. Il n'y a même plus les couleurs vives et franches, les capotes bleues, les pantalons rouges, les galons d'or, qui faisaient tache sur le fond du champ de bataille et permettaient à l'œil de suivre les évolutions. Le moraliste et le philosophe peuvent s'en réjouir, — voyant combien le soldat a gagné en sérieux, en dignité, en simplicité, — mais le peintre n'y trouve plus son compte. Les actions sur le champ de bataille sont aussi brillantes qu'autrefois : elles ne brillent plus aux yeux, et c'est une file de fantômes monochromes, qui s'enfoncent dans un horizon indiscernable, à travers une atmosphère fumeuse, vers un but lointain.

Si, du moins, chacun d'eux faisait des gestes expressifs de la lutte, l'artiste retrouverait et restituerait, dans le groupe, un microcosme de la bataille. Mais cela n'arrive guère. La bataille est faite de tant d'éléments différents, son succès est dû à des actions si dissemblables, qu'aucun groupe d'hommes ne peut la figurer tout entière. La plupart des combattants et des plus utiles ne témoignent pas, aux yeux, qu'ils combattent : le sapeur couché dans son trou, le microphone à l'oreille pour ouïr les travaux souterrains de l'ennemi, ou allongé dans le rameau de combat pour préparer une mine; l'observateur suspendu à son périscope, ou accroché à sa longue-vue, dans un observatoire d'armée, ou juché dans son-poste convenablement camouflé; l'aviateur assis, au milieu de son fuselage; l'officier d'état-major penché sur ses cartes ou sur son téléphone; l'officier de liaison s'en allant sur une route balayée par le feu; le sapeur qui coupe les fils de fer barbelés, en avant des colonnes d'assaut, jouent le rôle le plus nécessaire et courent les plus grands dangers; mais ils ne diffèrent en rien, par leurs attitudes, de gens qui s'occuperaient paisiblement à des travaux ordinaires d'avant la guerre, et rien ne témoigne autour d'eux qu'il y ait bataille.

Le chef suprême, auquel aboutissent toutes les nouvelles, de qui partent tous les ordres, centre nerveux et conscient de l'immense organisme lutteur, ne gesticule pas plus qu'un patron dans son cabinet de travail. Il ne saurait, sans compromettre le succès de sa tâche, se porter incessamment sur tous les points du front, comme Masséna dans sa calèche, ou apparaître soudainement, comme Napoléon, en silhouette sombre sur le rouge horizon. Tout se passe dans son cerveau et dans son cœur.

Le geste de Bonaparte saisissant un drapeau au pont d'Arcole, de Ney faisant le coup de fusil pendant la retraite de Russie, de Murat sabrant à la tête de ses escadrons, de Napoléon pointant un canon en 1814, de Lannes appliquant une échelle d'assaut à Ratisbonne, de Canrobert dégainant à Saint-Privat, sont de très beaux gestes expressifs, mais désormais surannés. Les chefs d'aujourd'hui ne les font point, parce qu'étant inutiles, ils ne seraient plus qu'ostentatoires. C'est tout un thème des anciens tableaux de bataille qui disparaît.

La guerre moderne en offre-t-elle de nouveaux? C'est possible, c'est même probable. Mais encore faut-il que ces thèmes soient pittoresques et reproduisibles par l'Art. Voyons donc, de ce point de vue, quelles sont précisément les nouveautés qu'elle a introduites dans l'action.

C'est, d'abord, l'usage des tranchées avec la fusillade dans les fils de fer barbelés. Sans doute, les peintres avaient déjà vu ce spectacle. On lit, dans une lettre écrite par l'un d'eux, après une attaque sur Chevilly, l'Hay et Thiais : « Les Prussiens étaient sur leurs gardes : ils avaient tendu des fils de fer à quelque distance du sol. Au petit jour, nos compagnies se sont embarrassé les pieds là-dedans et les Prussiens cachés dans des trous les ont fusillés à bout portant.... » Et cette lettre, signée d'Alphonse de Neuville, est du 8 décembre 1870. Mais ce qui n'était qu'épisodique lors des dernières guerres est devenu habituel dans celle-ci. Or, le principal effet de la tranchée, ou du « trou individuel » est non pas de révéler le geste du combattant, mais de le dissimuler à la vue. C'est expressément pour cela que c'est fait. La mine le cache mieux encore. Ce premier trait de l'action nouvelle est donc défavorable à la peinture.

Un second est l'importance de la mitrailleuse. Mais le mitrailleur lui-même est caché, terré, dans ce qu'on appelle son « nid », et son geste se déploie fort peu. De même, le servant du « crapouillot » ou lance-bombes. Seul, de toutes les actions nouvelles dictées par la nouvelle tactique, le combat à la grenade offre un thème au peintre. Seul, il dicte un grand geste, un geste en extension et même deux : le geste de la main gauche qui vise et celui du bras droit qui lance, avec toute la suite d'attitudes giratoires que ces mouvements déterminent. Certes, ce n'est pas le *Discobole* : pourtant, s'il était dégagé de la lourde carapace du vêtement, il offrirait un beau motif, même au sculpteur. En tout cas, l'action du « grenadier », comme celle du « nettoyeur de tranchées », la rencontre fortuite ou voulue de l'ennemi dans les boyaux, la dispute d'un entonnoir à la baïonnette, le corps à corps, en un mot, ou le contact : — voilà qui parle aux yeux et qui est significatif de la lutte.

En effet, le corps à corps a été à peu près le seul thème du combat antique figuré par la sculpture grecque et l'un des plus fréquents de la peinture de batailles jusqu'au xixe siècle. Mais on pouvait croire que la guerre moderne, conditionnée par les armes à longue portée, n'en donnerait plus d'exemple. On se trompait. Cette guerre donne des exemples de tout. Elle est comme un coup de drague, qui ramène des profondeurs du Passé les engins primitifs contemporains des civilisations ensevelies, des organismes qu'on croyait disparus avec les époques géologiques favorables à leur développement. C'est tout au plus si l'on n'a pas vu reparaître dans les tranchées, autour de Reims, les arbalètes figurées dans les tapisseries de sa cathédrale, tissées au xvᵉ siècle. On s'est battu à coups de crosse de fusil, à coups de couteau, à coups de poignards hindous, à coups de pelle et de pioche. On s'est même battu à coups de poing, — lorsque deux corvées, parties sans armes à la recherche de quelque source ou fontaine, se sont inopinément rencontrées. Dans cette lutte, où l'engin de mort vient parfois de si loin et tombe de si haut qu'il prend tout l'aspect d'une météorite, — après avoir traversé les espaces interstellaires où l'homme ne peut s'élever, — il frappe parfois de si près que l'âge de la pierre polie eût suffi à le fournir. Voilà des motifs pittoresques et même plastiques dont l'Art peut s'emparer.

Il faut s'attendre à ce qu'il en use largement. Mais la rencontre de quelques hommes, au fond d'un entonnoir ou au détour d'un boyau, n'est pas toute la guerre. Ce n'en est même pas un trait assez saillant pour la signifier à ceux qui l'ont faite. Il n'y a peut-être pas un homme sur mille qui ait jamais eu l'occasion de croiser la baïonnette avec l'ennemi. Le trait saillant de cette guerre, avec la tranchée et la mitrailleuse, c'est l'action du canon et des autres machines : avions, *tanks*, sous-marins, torpilles. Or, les unes de ces machines sont tout à fait invisibles et exercent leur action sans qu'on les ait aperçues : c'est même leur raison d'être. Il n'y a donc pas, là, sujet de tableau. Les autres seraient visibles, mais les hommes ont pris soin de leur ôter toute leur signification. Ce sont même les peintres qui s'en chargent. Par leurs soins, les formidables tueuses sont déguisées en choses inoffensives, « camouflées » comme on dit : les canons couverts de ramée ou de filets, les camions et les automobiles rayées et bigarrées comme des tigres, selon les couleurs du paysage ambiant, les *tanks* enduits de la même ocre que les terres environnantes. Ainsi, ces monstres homicides arrivent, par un curieux effort de mimétisme inspiré de certaines espèces animales, à se faire passer pour des objets débonnaires. Jamais les apparences n'ont moins révélé les réalités. Jamais les formes n'ont été moins expressives de la fonction. Jamais, par conséquent, elles n'ont été si peu favorables à l'Art.

Et cela s'observe également de tous les progrès dans toutes les machines. A mesure que l'effet produit est plus grand, la cause est moins sensible et le moteur initial plus dissimulé. Le petit 75 est plus formidable, assurément, que le canon historié des Invalides, cannelé en hélice, avec ses devises féroces : *velox et atrox, igne et arte;* mais étant mince, fluet, d'ailleurs entièrement défilé sous des feuillages, il ne manifeste point, par son attitude modeste, l'action qu'il exerce au loin. Une attaque de *tanks* est mille fois plus redoutable qu'une charge de cavalerie, mais elle n'est pas, comme l'autre, expressive d'un effort humain, ni animal, ni de la fougue et de la beauté de ceux qui les manient. Un *tank* marchant à l'attaque a, dans un tableau, l'air immuable d'une maison. Pareillement, l'aviateur voit infiniment mieux que le cavalier d'autrefois envoyé en éclaireur, mais il est moins visible et enfoui dans sa carapace; il n'est guère plus représentatif de son rôle qu'un scaphandrier. Même le mitrailleur, qui exerce en une minute plus de ravages dans les rangs ennemis que le sabreur de Lasalle ou de Murat durant toute sa vie, est loin de faire un geste aussi démonstratif. Toute l'évolution de la guerre tend donc à raccourcir le geste et à condenser l'effort, et ainsi à masquer l'action de l'homme.

Elle masque l'homme lui-même et voici que le visage du soldat, qui s'était toujours montré à découvert dans le combat, depuis le xvie siècle, est parfois entièrement voilé. Nous touchons au dernier trait caractéristique de la guerre moderne : l'arrivée sur le champ de bataille d'auxiliaires déloyaux et sournois : le chlore, le brome, les vapeurs nitreuses, et alors, pour s'en défendre, l'apparition de ces masques et cagoules aux yeux de verre ronds, qui évoquent, dans les tranchées, l'image des Pénitents de jadis, des Frères de la Miséricorde, ou encore le sac à fenêtre rectangulaire ou le groin qui pend sous le menton.

Déjà, M. Clairin a tenté de reproduire quelques-uns de ces aspects dans son tableau : *Les Masques et les gaz asphyxiants*. Ainsi le gaz, qui est une arme amorphe, oblige l'homme à revêtir une armure amorphe, qui supprime sa personnalité. C'est la lutte de l'invisible contre l'inconnaissable. De même sur mer : l'attaque d'un navire qui s'est enveloppé d'un nuage artificiel, par un sous-marin plongé dans l'eau, n'est plus une chose dont le sens de la vue puisse se saisir. Que veut-on que le peintre en fasse? Certes, le drame n'est pas moins poignant : il est plus poignant peut-être qu'aux beaux jours du combat chevaleresque. Il exige des nerfs plus solides, une conscience plus assurée, une obstination plus constante. Mais il ne se manifeste plus par des gestes qu'on puisse peindre : il se passe tout entier dans le cœur de l'homme. —

CHAPITRE III

L'HOMME

Reste donc à considérer l'homme lui-même, — c'est-à-dire la physionomie du soldat de 1918, sans se préoccuper de ses gestes si peu révélateurs de l'action. Peut-être offre-t-il au peintre un intérêt pittoresque et nouveau. Chaque époque, et pour ainsi dire chaque guerre, a créé son type de soldat bien défini. Le Puritain ou la tête ronde de Cromwell ne ressemble pas au *Tommy*. Le reître de Wallenstein est tout à fait autre chose que le grenadier de Frédéric II. Il y a une différence sensible, et qui ne tient pas toute au costume, entre le turbulent mousquetaire de Louis XIII, le poli et discret garde-française de Fontenoy, le hautain et calme grenadier de Napoléon et le soldat d'Afrique, loustic et bronzé, qui brûla dans les tableaux de Neuville ses « dernières cartouches ». A la vérité, ces différents types du soldat français se retrouvent et coexistent à toutes les époques. Nos grands-pères ont connu le « poilu » : il s'appelait alors le « grognard ». Peut-être voyons-nous passer, sous le costume bleu horizon, plus d'un Cyrano et d'un Fanfan la Tulipe. Mais, pour éternels que soient ces types, ils ne sont pas caractéristiques du soldat actuel. Ce qui le caractérise, c'est le type qui tranche le plus vivement sur ses prédécesseurs. Il n'est pas apparu tout de suite. Au début, aux jours d'été 1914, le premier élan du soldat jeune, inexpérimenté, confiant, courant au sacrifice dans une ivresse quasi mystique, les nouveaux officiers arborant le casoar et les gants blancs, évoquaient une France de jadis, élégante et téméraire. « Ce sont les mêmes! » s'écriait en les voyant un officier prussien qui se souvenait de 1870.

Mais à mesure que la guerre s'est prolongée, dure et lente, un trait s'est dégagé qui a fixé le type. Tout le monde le connaît. C'est l'homme de la tranchée, casqué, habillé d'un bleu que la boue a rompu, chargé d'engins et d'outils, de grenades, de pioches et de pelles, le vétéran réfléchi, tenace, endurant, venu de l'usine et surtout du champ, qui défend la terre avec l'âpreté qu'il mettait à la cultiver, simplement héroïque sans phrases, presque silencieux, philosophe à sa manière, un peu fataliste, servant son idéal sans le définir, rompu aux finesses du métier, sachant ce que vaut l'ennemi et conscient de sa propre force : — c'est le « poilu ». Assurément, il y a bien d'autres types de soldats dans cette guerre : il y a le loustic gai, fantaisiste, la « fine galette » d'autrefois ou le joyeux « bahuteur ». Il y a l'officier correct et réservé, mais le plus représentatif reste le « bonhomme » ou le « poilu ».

Est-il pittoresque? Certes. Sa silhouette, pour être moins voyante que celle de ses aînés, n'en est pas moins tentante pour le crayon de l'artiste, surtout surchargée de tout le fourniment de campagne, depuis le fusil jusqu'aux musettes. Les Vernet, les Meissonier, les Detaille eussent poussé des cris de joie en le voyant. M. Steinlen, M. Georges Leroux, M. Charles Hoffbauër, M. Ricardo Florès, M. Georges Bruyer, M. Georges Scott, M. Le Blant et M. Lucien Jonas nous en ont montré déjà des images très savoureuses. Et il diffère assez de ses aînés pour qu'il y ait un intérêt véritable à le peindre. Ce n'est pas le soldat de métier, victime du racoleur ou tête folle de gloire, heureux de vivre entre la fille et la fiole, avec de beaux galons sur sa manche. L'épaulette d'or ne brille pas dans ses rêves. Il ne s'est pas engagé, — sinon parfois pour la durée de cette guerre ; — il n'a jamais souhaité d'aller faire la guerre aux autres, des entrées triomphales dans des capitales lointaines, des ripailles et des saccages fructueux. C'est le soldat d'en face qui a cela dans la tête. Même dans la tragédie qui l'absorbe, notre « poilu » reste par la pensée attaché à son champ : dès qu'il en a le loisir, il s'inquiète si l'on a semé, si l'on a biné, si l'on a sarclé en temps voulu, si la vigne a été taillée, si la cuscute ne menace pas la luzerne, et il considère le mildiou comme un ennemi de l'arrière. Une de ses plus sincères indignations, dans cette guerre, a été de voir, au repli des Allemands, les arbres fruitiers coupés par méchanceté. Au milieu de ses camarades et en face de l'Ennemi, il reste un homme de famille, l'homme aussi d'une profession pacifique, d'un métier qu'il reprendra. Mutilé, il ne se soucie pas de l'hospitalité glorieuse des Invalides. Il se voit rentré chez les siens. En ce sens, ce n'est pas un « militaire professionnel ».

Mais ce n'est pas un garde national non plus. Il n'offre aucun des traits du légendaire pensionnaire de l'hôtel des Haricots, discutant ses chefs, fécond en « motions », abandonnant sa garde pour sa boutique, assidu aux meetings, en un mot un militaire amateur. Le poilu est formé, façonné, discipliné par la vie des camps, autant que le fut jamais chez nous le militaire professionnel. Il est expérimenté et connaît son métier, à fond, mieux que ne le connut jamais soldat de métier. Il a subi toutes les épreuves possibles du feu, du froid, de la fatigue, de la faim. Le légionnaire antique n'a pas davantage bouleversé le sol, construit, fortifié. Il est épique. Et ce paysan ou cet ouvrier, qui ne s'est levé que dans un but impersonnel, — défendre le sol des ancêtres, — sans rien espérer pour lui, ni pour rien changer à sa vie d'avant-guerre, sans rien abdiquer de ses opinions et de ses revendications, avec la colère du travailleur surpris en pleine besogne pacifique et la résolution de l'homme libre qui ne veut pas être asservi, ce « soldat-citoyen », dans le sens noble du mot, c'est le « poilu ».

Ces traits passent dans sa physionomie. Comme

voilà un vétéran véritable, comme il a vu le feu autant qu'un soldat de la Grande Armée, il a pris l'air grave, concentré du grognard ; il en a le sang-froid, le calme, la résolution ; ses sourcils et son front portent, même jeunes, le pli de l'expérience qui mûrit plus vite que le temps, de la réflexion que la mort enseigne mieux que la vie. Ses yeux, qui ont vu tant et de si terribles choses, en gardent le reflet ; son teint, qui a subi toutes les intempéries, nuit et jour, s'est hâlé ; la première fois qu'il est revenu au pays, après les premiers mois de guerre, on a été surpris de la transformation. Une singulière assurance dicte ses gestes lents et utiles ; tout le visage a pris cette impassibilité parfois un peu goguenarde qui frappe non seulement par sa force, mais par sa bonhomie. Son type n'est donc pas seulement moral, mais physique et doit tenter le peintre.

Il le doit d'autant plus qu'il est à créer. On chercherait vainement sa ressemblance parmi les portraits du premier Empire, de Gros, de Gérard, de Géricault, chez ces héros campés avec des airs de défi, le poing sur la hanche ou domptant des coursiers fougueux, la main sur la poignée du sabre, comme prêts à dégaîner, la tête relevée par un vif sentiment de leur valeur et aussi un peu par le hausse-col, les boucles de leurs cheveux déroulées au vent de la bataille, de petits favoris impertinents au coin des joues, un sourire conquérant au coin des lèvres, galants et querelleurs, point du tout pensifs, se confiant en la pensée géniale qui veille sur eux. Tel n'est point du tout le « poilu ».

Vainement chercherait-on sa ressemblance, encore, parmi les portraits de Raffet, d'Horace Vernet ou d'Yvon, le chasseur d'Afrique ou le spahi qui enleva la Smala, le zouave qui planta le drapeau sur Malakoff, le cavalier qui chargeait à Sedan, derrière Galliffet, — type déjà un peu plus bronzé, cuit au soleil d'Afrique ou du Mexique, mais aimable encore et fait pour plaire, avec ses accroche-cœur et ses moustaches provocantes, leste, sanglé dans sa tunique plissée à la taille, doré sur toutes les coutures, étincelant, témoignant nettement qu'il est d'une caste spéciale, la caste militaire, façonnée et formée selon un gabarit étroit, non peut-être tant par la guerre que par la vie de garnison en pleine paix. Ah! combien est différent le « poilu »! Encore moins trouverions-nous sa préfiguration chez les chapardeurs de Callot, les gentilshommes de Martin, de Lenfant, de Blaremberghe, chez les partisans de Tortorel et Périssin. C'est donc un type à créer.

Point n'est besoin pour cela d'un tableau de bataille : un portrait suffit. La seule figure du *Colleone*, ou de l'homme appelé le *Condottiere*, évoque tous les combats du xve siècle; nous n'avons pas besoin de voir les gestes de tel reître d'Holbein pour savoir ce dont il est capable et, dans le seul ovale d'une tête de Clouet, s'inscrit l'implacable fanatisme de son temps. Ainsi du poilu. Mais ce portrait peut être saisi à quelque moment typique. Il faudrait qu'il le fût à la minute même où la tension des nerfs est à son maximum, où toutes les énergies affleurent à l'expression, où l'acte, enfin, dont l'attente se lit sur le visage, va s'accomplir, c'est-à-dire quand le « poilu » est le plus lui-même. Nous attendons le grand artiste témoin direct, observateur lucide et pénétrant, qui saura rendre ce qu'il a vu, sur les visages, à la dernière minute avant la sortie de la tranchée, pour l'assaut, — lorsque l'artillerie cesse ou allonge son tir, les officiers regardent l'heure à leur poignet, chaque seconde qui s'écoule réduit la marge entre la vie et le mortel inconnu. Là, un portrait ou un groupe de portraits, je veux dire des « têtes de caractère » profondément étudiées, peuvent nous révéler la bataille, infiniment mieux que toutes les mêlées de Le Brun ou de Van der Meulen.

. Pour saisir ces caractères, un dessin serré est nécessaire. Il les révélait, déjà, dans les faucheurs au repos de M. Lhermitte, dans les Bretons en procession de M. Lucien Simon et si on les avait mieux regardés, jadis, on eût été moins surpris des vertus d'endurance, d'abnégation, d'obstination, qu'on a découvertes chez nos soldats. Elles étaient lisiblement inscrites dans ces figures du temps de paix. Aujourd'hui, pour y ajouter tout ce qu'y a marqué la guerre, une étude minutieuse de tous les indices physionomiques s'impose.

On peut concevoir cette étude selon des techniques différentes, mais la technique impressionniste y serait tout à fait impropre. A force de barioler un visage avec les reflets lumineux de toutes les choses qui l'entourent, de le diaprer, le balafrer et le moucheter, l'impressionnisme finit par le faire ressembler au paysage ambiant plus qu'à lui-même. C'est un camouflage. Excellent pour dissimuler un canon ou une automobile, c'est un procédé tout à fait détestable pour révéler un visage, surtout un caractère. C'est proprement le contraire qu'il faudrait.

Voilà pour le « poilu », mais la physionomie du poilu, pour être la plus voyante, n'est pas le seul type de combattant né de cette guerre. Celui de l'aviateur, par exemple, n'est guère moins neuf, ni moins caractérisé. Il l'est, d'abord, par sa jeunesse, puis par son air sportif qu'il a gardé, comme une élégance, au milieu des plus pénibles tâches et des plus tragiques aventures, franchissant une zone de feu comme on saute un obstacle, semant des bombes ou des signaux comme en un *rallye paper*, prenant ses notes ou ses photographies comme un touriste que le pays intéresse, flegmatique et précis, attentif à ne rien négliger de ce qui touche la sûreté de l'armée sous ses ailes, insouciant de sa propre vie et de sa mort, dédaigneux de toute attitude et de tout geste, chevaleresque, poli, distant, éphémère : tel est ce héros quasi fabuleux. Les Grecs en auraient fait un dieu ou, au moins, un être aimé des dieux. Or, on ne trouve pas plus

son portrait dans les plus modernes figures de
« lignards » ou de mobiles, chez Neuville, que dans
les Léonidas de David. Il faut le créer. Il mérite
bien qu'un grand artiste vienne qui nous le révèle.

Mais ce n'est pas tout. Un des traits les plus
marquants de cette guerre est un mélange de races
tel que, depuis les Croisades, il ne s'en était pas
vu de pareil. Comme les Expositions universelles,
elle déracine, mais bien plus profondément, parce
qu'elle dure plus longtemps et jette les déracinés
dans des rencontres tragiques où le tréfonds de
l'âme paraît. Elle révèle l'humanité à elle-même.
Ce n'est pas sans une stupeur, d'ailleurs joyeuse,
que le paysan de France a vu passer devant sa
porte, — pour peu que sa porte s'ouvrît sur une
grande route, — les Anglais athlétiques et rieurs,
assis, leurs grandes jambes pendantes, sur d'immenses fourgons; les Sénégalais au rire blanc dans
des faces noires, furieux seulement d'être appelés
« nègres » ; les Hindous cérémonieux et graves, qui
demandaient des chèvres et qui offraient des
bagues; les Marocains hautains et agiles; les colosses blonds de l'Ukraine au sourire enfantin; les
Serbes taillés dans du vieux chêne; les mystérieux
Annamites aux yeux bridés ; les Italiens emplumés
et grandiloquents; les Portugais bruns et lestes;
enfin, les Américains gigantesques glabres et
fastueux.

Ce défilé hétéroclite de tous les peuples accourus

au secours de la civilisation, et qui exerce si fort la verve du *Simplicissimus*, n'est pas seulement une démonstration éclatante de l'horreur qu'inspire le Pangermanisme jusqu'aux confins extrêmes du monde habité : c'est une bonne fortune pour le peintre. Jamais il n'a eu sous les yeux telle abondance de modèles. Jamais il n'a pu si aisément faire une étude comparative des caractères de races. On ne voit guère que Venise, au xvie siècle, qui ait fourni à ses artistes quelque chose d'approchant, mais sur une bien moindre échelle.

Tous ces exemplaires inconnus de la grande famille humaine, vivant longtemps parmi nous, offrent à l'artiste une occasion unique de les observer au travail, au repos, au danger, à la mort, au plaisir. Quand ils sont à la soupe et à la corvée, il voit comme ils mangent, comme ils palabrent et comme ils s'efforcent; au service divin, au cinématographe, à l'assaut, il voit comme ils prient, il voit comme ils rient, il voit comme ils tuent. Les différences dans l'angle facial, le port de tête, la souplesse et le jeu des muscles, l'aptitude plus ou moins grande à se plier, à se ramasser, à bondir, à mesurer le geste à son objet, l'expression à son sentiment, l'effort à son but : — tout ce qui exige une action et une action violente pour se trahir est infiniment plus facile à observer, à la guerre, dans les moments où toutes les virtualités sont en jeu, que chez un modèle prenant une pose à l'atelier. Bien entendu, seuls les artistes qui sont au front en profiteront pleinement. En cela, comme en beaucoup d'autres domaines, c'est sur les combattants que nous comptons pour venir diriger, éclairer et rajeunir notre vision des choses.

En attendant, beaucoup en ont déjà profité. M. Flameng a si justement saisi les attitudes particulières aux Anglo-Saxons, que, modifiât-on leur uniforme, l'œil reconnaîtrait sans hésiter leur race. M. Devambez, M. Dufour, M. Louis Valade, M. Sarrut-Paul, M. Le Blant, M. Lobel-Riche s'y sont essayés. Et ceci n'est qu'un commencement. Voici tout un monde nouveau qui s'ouvre pour les peintres. Se figure-t-on la joie d'un Giotto, lui qui scrutait avec tant d'attention la physionomie de deux Mongols venus en ambassade, en son temps, d'un Mantegna, qui s'attachait si ardemment à profiler l'exotique visage de Zélim, frère du Sultan, d'un Bellini, qui courait à Constantinople, étudier celui de Mahomet II, d'un Rubens, qui épiait l'expression et l'extase dans un facies de nègre, s'ils voyaient débarquer aujourd'hui chez eux, en masse, tous ces peuples dont ils n'ont pu que deviner les indices physiologiques par quelques rares et fugitifs spécimens ! A l'heure où l'on pouvait croire que « tout était dit » sur l'homme et qu'on « venait trop tard », — beaucoup de nos vieux peintres, s'ils sont sincères, diront avec regret : « Nous sommes venus trop tôt ! »

Ainsi, la guerre apporte bien au peintre, comme au philosophe, à l'économiste, au stratège, nombre de spectacles intéressants : — seulement, ce ne sont point du tout les spectacles qu'ils en attendaient. Des paysages dénudés, désolés, calmes ; des ciels animés par des nuages plus riches et plus divers ; des nuits parées d'une joaillerie multicolore ; des scènes d'intérieur, de cave, en clair-obscur ; des faces graves et réfléchies d'hommes mûris par l'épreuve, ennoblis par le sacrifice ; enfin, les gesticulations surprenantes des races enfantines ou le flegme des athlètes formés à l'école des dieux grecs : voilà quelques-uns des thèmes nouveaux que la guerre propose aux peintres. Et lorsque les jeunes artistes, qui sont en ce moment à vivre une Épopée, auront le loisir de la peindre, voilà sans doute ce qu'ils peindront.

Mais, dans tout cela, où est la bataille ? *Wo die Schlacht ?* Le mot fameux de Moltke, si souvent cité et ridiculisé dans les Écoles de guerre du monde entier, depuis 1870, s'ajuste exactement aux figurations de la guerre moderne : ce sont des paysages, des scènes d'intérieur ou de genre, des portraits sans doute inspirés par la guerre, — mais ce ne sont pas des « batailles ». Les belles œuvres déjà inspirées par elle évoquent la lutte, mais ne la montrent pas. Les quelques tableaux qui la montrent et qui ont paru au *Salon* ne sont, jusqu'ici, que des tableaux de circonstance. On n'y sent pas du tout l'ivresse de l'artiste en face d'une nouvelle forme plastique ou pittoresque, devant une harmonie inédite de couleurs, — ce que furent, par exemple, à d'autres époques, la découverte de la Mer pour Turner, de l'Orient pour les Decamps et les Fromentin, ou, pour Millet et Rousseau, celle de la Forêt. Ils peignent, çà et là, une « bataille », parce que c'est un sujet d'actualité, cher au patriotisme, attirant les regards, assuré d'une certaine curiosité populaire, mais pas du tout parce qu'ils y ont trouvé un beau thème à lignes ou à couleurs. La « bataille » moderne fait beaucoup pour les écrivains, psychologues, poètes, auteurs dramatiques, moralistes, quelque chose peut-être pour les musiciens : elle ne fait rien pour les peintres.

Mai 1918.

TABLE DES MATIÈRES

IMPRIMERIE LAHURE.

9, RUE DE FLEURUS, PARIS.

RED. :

15

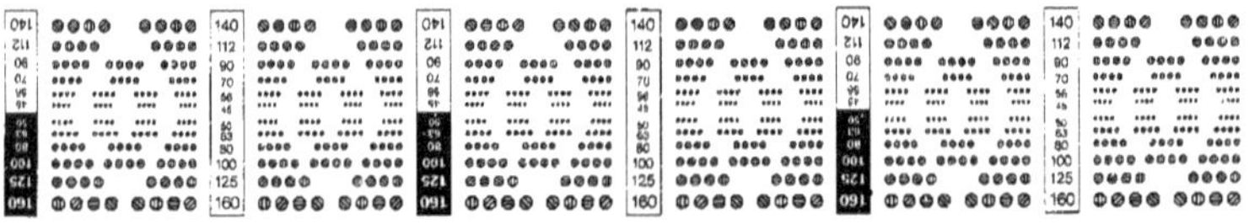

MIRE ISO N° 1
NF Z 43-007
AFNOR
Cedex 7 - 92080 PARIS-LA-DÉFENSE

379.89.70
graphicom

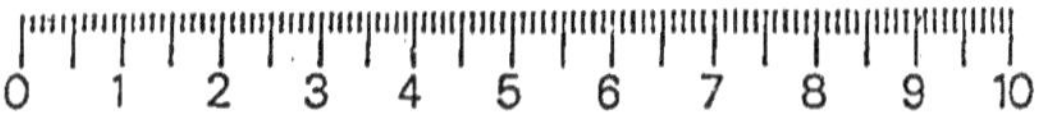

BIBLIOTHEQUE

NATIONALE

DE FRANCE

****

CHATEAU

DE

SABLE

1995

www.ingramcontent.com/pod-product-compliance
Lightning Source LLC
LaVergne TN
LVHW021641060726
842527LV00003B/748